中小学教师教育科研范式与方法

杨润勇◎编著

东北师范大学出版社

NORTHEAST NORMAL UNIVERSITY PRESS

图书在版编目（CIP）数据

中小学教师教育科研范式与方法／杨润勇编著. —长

春：东北师范大学出版社，2011.11

ISBN 978-7-5602-7557-4

Ⅰ.①中… Ⅱ.①杨… Ⅲ.①中小学 – 教育研究

Ⅳ.①G632.0

中国版本图书馆 CIP 数据核字（2011）第 238407 号

□责任编辑：何　云　　　　□封面设计：回归线
□责任校对：江　莹　　　　□责任印制：栾喜湖

东北师范大学出版社出版发行

长春净月经济开发区金宝街 118 号（邮政编码：130117）

电话：0431-85695744　85688470

邮购热线：0431-84568155

传真：0431-85695744　85602589

网址：http://www.nenup.com

电子函件：sdcbs@mail.jl.cn

北京画中画印刷有限公司印装

2011 年 11 月第 1 版　　2012 年 8 月第 2 次印刷

幅面尺寸：148mm×210mm　印张：8　字数：220 千

定价：25.00 元

前言
Preface

强国必先强教，强教必兴科研。

中共中央政治局委员、国务委员刘延东在最近召开的第四届全国教育科学研究优秀成果奖颁奖暨中国教育科学研究院成立大会上强调，要深入学习贯彻党的十七届六中全会精神，进一步发挥教育科研服务决策、创新理论、指导实践的作用，努力建设中国特色社会主义教育理论体系，为推动教育事业科学发展、办好人民满意的教育、建设教育强国作贡献。刘延东指出，教育科学研究是认识教育规律的重要工具，是促进教育改革发展的重要保证，要"准确把握形势，进一步增强科研兴教的责任感使命感"。中央领导讲话科学分析了国内外形势，立足国家发展的历史新起点，对教育科研工作者提出了殷切期待。

当前，教育科研对提高教育现代化水平的引领作用日益凸显。我国教育已经进入由大到强、内涵发展的新阶段，走出了一条中国特色社会主义教育发展道路，建成了世界最大规模的教育体系，正从教育大国向教育强国迈进。对于扩大规模、提高普及水平，我们取得了有效的经验。但实现《教育规划纲要》提出的以促进公平和提高质量为重点的内涵式发展，我们的理念、机制、方法还没有跟上，教学和管理等改革亟待深化。建设中国特色社会主义教育离不开教育科学的繁荣发展，建设现代化教育强国离不开教育科学的有力支撑。只有教育科研走在前列，教育实践才有理论引领，教育发展才有强大后劲。

可以说，我国中小学教育科研在取得了长足进步、积累了重要经验的同时，也面临着严峻挑战，还不能完全适应新形势和高要求，迫切需要进一步提高教育科研的重要地位与作用，抓住机遇，应对挑战，不断提高教育科研水平和能力，推动我国教育科研事业开创新局面。

科学的方法是研究取得实效的重要保障。实践证明，教育科研的不足，归根结底是方法问题。工欲善其事，必先利其器。当前，大力开展教育科研方法创新，是全面提升教育科研水平和能力、提高科研质量的关键因素。我们要以更大力度、在更大范围内强化教育科研方法意识，使广大中小学教师熟练掌握基本的研究方法，充分利用现代信息技术，大力开展实证化研究。

近年来，本书作者先后为北京、河北、山东、江西、山西、江苏、浙江、青海、内蒙古、广东等地的中小学骨干教师做了20余场教育科研培训讲座，对各地中小学教师教育科研情况做了较大范围的调查，结合广大教师对教育科研方法的需求，在《中小学教育科研》讲座基础上形成了本书框架。

本书编写的逻辑思路是：《教育规划纲要》对中小学教师

的教育科研提出了新的更高的要求，做好教育科研不仅是教师应做好的事情，也是教师成为教育家的重要途径。在教育科研的过程中，教师只有了解合适的教育科研范式，掌握若干教育科研方法，才能够展开真正的教育科研。

结合中小学教师的实际情况，本书在编写过程中突出了如下特点：其一，突出简约，通俗易懂。注重用中小学教师最能够接受的简洁语言，说明教育科研对于教育家办学，对于教育教学改革，对于教师专业化水平提高的重要性，说明教育科研的基本范式、方法及其运用。其二，突出实用，开卷有益。注重选择广大教师最需要掌握的教育科研方法进行说明，设计了若干常见的教育科研问题予以重点解答，并提出解决策略。其三，突出案例，针对性强。注重从更广泛的领域，筛选了若干教师身边的典型案例，进行分析，进行佐证，增强针对性。

在编写过程中，作者查阅、参考了大量的同类文献，力求做到不重复、不雷同，有特点、有新意。但是，中小学教师科研情况在不同地域、不同学科、不同学段情况各不相同，甚至有较大差异，本书所著述主要内容性质也有所局限，加之作者水平能力的局限，一定有很多不尽如人意之处，甚至错谬之处。在向所参考同类书籍作者表示感谢的同时，敬请广大教师在阅读使用过程中批评指正。

作　者
2011 年 11 月

目录 *Contents*

第一章

新背景下的中小学教师教育科研

本章提示

　　新的历史时期，《教育规划纲要》提出了教育家办学的要求，明确提出要造就一批教育家，对教育工作者提出了更高的期待。广大中小学教师应该树立以教育家的理念办学的精神，努力提升自身的素养，全面提升专业水准。这就要求广大中小学教师既要立教育家之志，又要练教育家之功。争当教育家，最重要的就是借力教育科研，做好教育科研。可以说，做好教育科研是对中小学教师成为教育家、实现教育家办学的基本要求。结合校本研训做好课题研究是中小学教师提升科研水平和能力的最佳平台。广大教师须把握好《教育规划纲要》实施的大好契机，理直气壮地重视科研、做好科研。

一、实现教育家办学须借力教育科研

（一）中国教育发展需要教育家办学

《教育规划纲要》明确提出，要"创造有利条件，鼓励教师和校长在实践中大胆探索，创新教育思想、教育模式和教育方法，形成教学特色和办学风格，造就一批教育家，倡导教育家办学"。这是新的历史时期国家对包括中小学教师在内的广大教育工作者提出的明确要求，教育家办学是现代教育对中小学教师的呼唤。

国家十分重视教育家办学，2006年和2007年的《政府工作报告》提出了"造就一批杰出的教育家"、"提倡教育家办学，鼓励更多的优秀青年终身做教育工作者"。

教育家办学，是多年来中国教育的梦想和追求，是我国的悠久传统。20世纪初，人民教育家陶行知就提出"中国教育现代化需要有创造精神和开辟精神的第一流的教育家"[1]。20世纪80年代初，著名经济学家于光远曾在《我们迫切需要成千上万个"教育家"》一文中写道：不论在大学教育、中学教育、小学教育、幼儿教育乃至成人教育、职业教育、社会教育等领域中，都要有"教育家"在那里奋斗。我们迫切需要成千上万个"教育家"。邓小平也曾提出："哪一天中国出现大批三四十岁的优秀政治家、经济管理家、军事家、外交家就好了。同样，我们也希望中国出现一大批优秀科学家、教育家、文学家和其他各种专家。"2004年，《中国教育报》组织"当代教育家离我们有多远?"的讨论，众多学者达成的共识是："现实社会中，我们有许多具有高尚品德和情操的、有能力、有才华的教师、教育工作者，在各大中小

---

① 陶行知. 时报·教育周刊·世界教育新潮, 1919-4-21 (9).

学及各类教育岗位从事教育和管理工作，但为什么成为教育家的人却不多，原因何在？责任不在他们自身，而在于社会大环境和教育制度本身"，"要为教育家的出现创造有利的环境"，倡导在对新任职及在职教师培养的过程中，要多多加强教育家方面的研究。社会要多多宣传教育家，以培养出更多的教育家①。

温家宝总理非常重视、极力倡导教育家办学。20 世纪 90 年代初以来，他在各种不同场合不断地强调"教育家办学"的理念，明确提出国家教育需要大批教育家，并倡导"像宣传科学家那样来宣传教育家"。2003 年 9 月 10 日教师节，温总理在人民大会堂会见教师代表时提出要实现"教育家办学"。2007 年 2 月 4 日，温总理视察东北师范大学时指出，要大张旗鼓地讲教育家，宣传教育家，中国得有成千上万的杰出的教育家来办学。同年，温总理在《政府工作报告》中再次提出，要提倡教育家办学，鼓励更多的优秀青年终身做教育工作者。2010 年 2 月 4 日，温总理在省部级主要领导干部专题研讨班上指出，努力培养一大批有志于献身教育事业的教育家，倡导教育家办学，赋予学校办学自主权。2010 年 2 月 27 与网友在线交流时，温总理再次强调说，现在的教育存在许多问题：一是教育行政化的倾向需要改变，最好大学不要设立行政级别；二是让教育家办学，我这里所说的教育家他们可能不是某些专业的专门家，但是他们第一热爱教育，第二懂得教育，第三要站在教育的第一线，不是一时而是终身。

当前提出教育家办学的理念绝非偶然，而是具有极强的针对性和时代性的。一方面，很多学校教育教学很大程度上背离了教育规律，把学校等同于工厂、学店、官场，阻碍了教育事业的健康发展，影响了高质量全面发展人才的培养。另一方面，我国教育已经跨入新的历史阶段，教育事业快速发展，教育公平和质量

---

① 当代教育家离我们有多远？［N］. 中国教育报，2004-9-12（3）.

成为教育工作的战略重点，素质教育成为新的历史阶段的战略主题。这就更需要教育的内涵发展，必须让真正懂行的众多教育家按教育规律办事，办好每一所学校，教好每一个学生。

正是在这样的背景下，《教育规划纲要》站在国际教育竞争和国家教育发展的高度，认识教师队伍建设特别是教育家队伍建设的紧迫性，突出强调了教育家办学的地位和重要性。

（二）教育家办学就是按照教育规律办学

教育家办学，并不是简单地要求所有的教育工作者在短时间内都成为教育家。倡导教育家办学就是要强调由懂教育的人来从教办学，其核心是要把教育的规律、人才成长的规律，运用于办学实践中，潜心办学育人。

提倡教育家办学不仅准确揭示了教育发展的内在规律，同时，也是新的历史时期，尊重教育规律和回归教育本质的重要体现，是我国教育工作重点从外延向内涵发展适时转移的体现，是提高教育质量的根本保证，是对当代中小学教育工作者提出的新要求、高要求。毫无疑问，提倡教育家办学，有助于更多的广大一线教师专业化成长，有助于更多的教育家脱颖而出，将会产生巨大的引领、促进作用，激励广大教育工作者不辱使命、不懈追求、努力前行。

目前，我国教育改革和发展还存在许多现实问题。2005年，温家宝总理在看望著名物理学家钱学森时，曾引发了著名的"钱学森之问"。钱老认为："现在中国没有完全发展起来，一个重要原因是没有一所大学能够按照培养科学技术发明创造人才的模式去办学，没有自己独特的创新的东西，老是'冒'不出杰出人才。"倡导"教育家办学"这一理念是对钱学森生前多次问及"为什么我们的学校总是培养不出杰出人才"的积极回应，也是对不按教育规律办事现象的有力批判。

倡导教育家办学，我们还面临着许多障碍。最典型的说法是教育家办学面临的"四大敌人"。① 即教育家办学面临着"企业家办学"、"官僚办学"、"家长办学"和"教书匠办学"。企业家办学，把追逐利润放在首位，忽视"产品"质量，只管生产，不问质量，不问销路；官僚办学呈现的是无论对内对外，学校必然成为行政系统的附属组织，以官为本的观念占领校园，学术批判、理性精神缺失，行政权力代替学术权威，严重影响学术研究和创新能力；家长办学，或称家长制办学，办学者信奉"家长制"，大搞"一言堂"；教书匠办学，导致学校毫无生机，缺乏创造力，不是发现人才、培养人才，而是一味钻进应试教育的口袋，对教师用急功近利的升学率、优秀率考核，而对学生的道德养成、创新精神、实践能力却全然不顾。

纵观四大敌人，虽各有特点，但共同的实质是远离了教育本质，忽视了教育规律，漠视了学生全面发展的基本规律。

一个好老师，可以教出一批好孩子；一个好校长，可以成就一所好学校；一批教育家，可以影响国家和民族的未来。② 我国教育事业要兴旺发达，一个重要条件就是让真正懂教育的人来办教育。

（三）新时期中小学教师都应树立教育家办学的理念，加强教育家修养

新时期的教育家应尊重、敬畏教育的价值和规律，拥有系统的教育理论和丰富的实践经验，对教育充满热爱并深深扎根于教学第一线。中小学教师要站在教育家的高度，并把成为教育家作为奋斗目标，才能全面提升教育质量。

"教育家办学就是让精通教育、尊重教育规律的人办学，就是要求学校从素质教育的要求和人的全面发展的需要出发开展教

---

① 何勇. 教育家办学的四大"敌人"［N］. 人民日报，2007-4-27.
② 温家宝. 强国必强教　强国先强教［N］. 人民日报，2010-9-10.

育教学活动。""教育家办学"的内涵主要体现在以下三个方面：把教育交给热爱教育事业的人，把教育交给懂教育规律的人，把教育交给站在教育第一线的人。解读温总理讲话精神内涵，中国现代教育家不是从书斋里走出来的，教育家只能从教育实践中产生；倡导一种奉献精神，一份对教育的责任；把教育交给站在第一线的人，鼓励奋斗在教育第一线的普通教师、校长，成为未来的教育家。① 所以，教育家办学中的教育家，既可以是有较高学术研究造诣的理论工作者，也可以是教育行政管理部门卓有成效的教育官员，又可以是一线教师、校长。教育家应该成为中小学教师不懈追求的目标。

温总理在政府工作报告中提倡教育家办学，是热情的鼓励，也是殷切的期待。这种期待要成为现实，需要一个很长的过程。在这个过程中，中小学教师首先应当好一个教师，然后争取成为一个教育专家，最终才能成为教育家。能不能成为教育家也许没有那么重要，但重要的是，从现在起，我们要树立教育家办学的理念。

成为一个新时期的教育家，对于广大中小学教师而言，的确任重道远。总体讲，除了具备丰富的实践经验外，还要热爱教育事业，有教育理想，善于发现和潜心研究教育问题，能够提出有独到见解的教育理念，能成为一个全面发展的、高素质的人才，能做到有创新，勇于进行教育改革，还要有影响，提出系统的教育思想观点，培养大批优秀人才，做一个事业的成功者。

总之，要做一个教育家就要树立教育家办学的先进理念，加强教育家修养，就要做一个真正"懂教育"的人。② 按照叶澜教

授的说法，第一点，就是尊重并敬畏教育的价值。一个直接从事教育工作的人，得有一份坚守，而坚守的前提就是要懂得教育到底是干什么的？教育内在的规定性、客观规律是什么？它在当代的要求又是什么？意味着怎样一份道义上的担当？第二点，就是教育工作者需要有一定的专业素养。不仅包括学科修养，还应当包括教育理论修养。如果教师能对教育本身有更多理论层面的积累和思考，在日常点点滴滴的实践中，他们就不会只是简单地模仿别人的经验，或者只是简单地从自己的经验中找成功和失败，而会善于在一个更广阔的视野和理论的支撑下，进一步认识、思考、设计、创造自己的教学实践。第三点，从事教学和学校管理的人，必须有深深扎根于教学第一线的实践经验。只有当你的专业素养和实践经验不断磨合、积累，并经过自己的再思考、再提升，才能慢慢修炼出教育的智慧。教育的智慧，是一名真正的教育家必然拥有的。

大多数教育工作者可能终生也不见得能获得教育家的称号，但是作为中小学教师，应当不断地"培养教育家思维，养成教育家气质，增加教育家细胞"，要明教育家之意。现代教育家，中国教育家，一句话，就是热爱教育事业、懂教育规律、长期坚守教育的人。因此，教育家不是神秘大师，而是普通教育工作者的一员，是在日常教育教学工作、领导管理岗位上辛勤耕耘，取得优异成绩的杰出代表。教育家就在我们身边，就在我们之中。未来的时代，将是教育家大量涌现、教育家办教育管教育的时代，一定是教育家执教、教育家办学、教育家行政的时代。即便没有人给我们冠以教育家之名，我们也要行教育家办学之实：不断地培养教育家思维，养成教育家气质，增加教育家细胞。

教师要立教育家之志。热爱教育事业是教育家办学精神与境界的最高体现，是投身教育的动力支撑。教育者首先要热爱教育事业，表现为热爱学生、热爱生命、热爱生活。没有爱就没有教育，就没有教育家。教育家无非两类，一类起于理论，在实践中修炼成为教育家。陶行知就是一个这样的典范。陶行知于南京金陵大学毕业后，远渡重洋，赴美留学，在哥伦比亚大学师范学院研究教育。作为集欧美哲学思想和教育思想之大成者杜威的"私淑弟子"，陶行知在海外积淀了极为深厚的教育理论功底。学成归国后，创办晓庄师范、育才学校等。在长期的教育实践中，陶行知从杜威教育思想的传播者，逐渐成为结合中国实际对传统教育进行批判改造的创造者，形成了他的"生活教育"理论，提出了"生活即教育"、"社会即学校"、"教学做合一"、"在做中学"等一系列先进的教育理念。陶行知从一个教育理论工作者，通过长期的教育实践，最终成为一位著名的教育家。二类是起于实践，经理论提升成为教育家。苏霍姆林斯基就是这类教育家中的典型代表。他17岁时成为一名乡村教师，在教学实践中，他深感理论学习的重要性，不仅通过自学获得了中学教师证书，而且在帕夫雷什中学工作的23年中，一边创造性地从事教育实践工作，一边坚持教育科学研究。他一生写下了41本教育专著，600多篇教育论文和1200多篇童话、故事和短篇小说，提出了关于青少年全面和谐发展的理论。在长达30多年的教育活动中，苏霍姆林斯基从一个教师、一个实践者，通过不断学习，提升自己的理论素养，最终成为了一位著名的教育家。

尽管教育家有着不同的生成路径，但是都有一个共同点，那就是教育家必定产生在理论与实践的交汇点上。只要我们直面教育问题，扎根现实土壤，把教育理论与教育现实紧密地联系在一起，经过长期艰苦努力，一定会逐步形成自己独特的教育思想和丰富的实践智慧，也一定会成为现代的教育家。我们应该有这样的信心，也必须有这样的志向。

教师还要练教育家之功。热爱教育事业才能成为教育家。成为教育家，不但要懂得爱，更要学会爱，不断提升自己爱的能力和爱的技巧，这是教育工作者爱的本质特征，也是成为教育家的充分必要条件。有思想才能成为教育家。从不同地区、不同学校、不同的学生的实际出发，在教书育人的理念和思路、学校的建设与管理、育人的模式与方法等方面发现问题、研究问题、解决问题，创造性地开展工作，不盲从，不趋同，讲效率，创特色。有能力才能成为教育家。这种能力就是热爱的能力、科研的能力、专业化提升的能力。吕型伟教授说过："教育是事业，需要奉献；教育是科学，需要钻研；教育是艺术，需要创新。"说的就是成为教育家的基本要求。走向教育家，是我们共同的追求；走向教育家，我们大家都在路上，是同路人、同行人。追求的过程是一种不断地自我觉醒、自我发现、自我教育、自我超越的过程，更是每个人自我历练、增长本领、走向成长的过程。

以上总结为两句话，一是有其志必成其事，欲成为教育家，必须以热爱之情，立宏伟之志，树崇高之德，作传世之言，建显赫之功。二是虽不能至，心向往之；心向往之，力所尽之；力所尽之，必能至之。

（四）走向教育家须借力教育科研

教育家要有自己的教育思想，有对教育的独立见解，有对教育思想的不懈追求。

教育规律，是教育工作必须遵循的客观法则，是教育现象所固有的、客观存在的。教育在任何状况下都要受到自身规律的制约。教育规律存在于一切教育现象之中，并始终贯穿于教育发展的整个过程。诚然，教育规律不是一成不变的，是随着社会进步而发展的。尊重教育规律，就要既尊重又不拘泥客观的、固有的历史，更要注重变化和新的发展。

教育规律是可以认知的。通过教育科研，通过探究，我们的认识就可以接近规律，从而使工作建立在科学的基础上。之所以出现不懂教育规律、不按照教育规律办学的现象，很大程度上，是因为我们对教育规律自觉或不自觉地采取了"敬而远之"的态度。没有主动去学习、去研究、去探索，久而久之，我们的教育工作就距离教育规律"渐行渐远"。不研究教育规律，教育教学工作就缺少底气，就容易想当然行事；不研究教育规律，就容易把教育仅仅当成了知识传输的工具，把握不了教书育人的真谛。

认识和掌握教育规律需要做好教育科研。首先，教育规律具有多样性。就教育总体而言，教育基本规律属于一般规律，除此之外，教育领域还存在诸多特殊规律和个别规律。潘懋元教授曾对教育外部规律有所阐述。① 他认为，教育与社会各个因素之间的总体关系的规律属于一般规律或基本规律，而教育与经济发展之间关系的规律则属于特殊规律，至于教育发展的速度和规律与经济发展的水平之间关系的规律，就应看作是个别规律了。这是从规律起作用的范围来看的。若从层次来看，外部规律主要是宏观规律，内部规律则主要是微观规律。从教育规律起作用的领域或侧面来看，外部规律中可以有教育与经济关系的规律、教育与政治关系的规律、教育与文化关系的规律、教育与科技发展关系的规律等；内部规律中可以有教学规律、学校管理规律、德育规律等。其次，教育规律是有弹性的，各种符合教育规律的情况具有相当的范围和幅度。以外部规律中高等教育发展规模速度与经济发展水平之间关系的规律为例，如果按照"确定性规律"的认识，我们可能会去寻找在一定的经济发展水平（如人均国民收入的一定数量）和一定的高等教育的入学人数之间的某种确定关系。但我们会发现，寻找这种确定的关系是徒劳的。而如果按照辩证决定

---

① 潘懋元. 教育基本规律及其在教育研究中的运用 [J]. 江苏教育研究，2009 (4).

论与唯物主体选择论相统一的观点来探讨这两者之间的规律的话，我们就会在经济发展水平和高等教育发展规律和速度之间留出一个范围或幅度，在这个幅度内，都是符合教育规律的。

教育规律问题是一个非常复杂的问题。要办好教育，我们不仅要掌握教育的一般规律和基本规律，更要掌握教育的特殊规律和个别规律；不但要了解总体规律，更要了解具体的事物上体现的规律。在探讨和认识这些规律的过程中，对规律的性质、特点等既要用马克思主义观点来理解和分析，又要坚持科学研究探索。

教育家办学不可能只是依靠教师本人的爱心、理想、激情、兴趣等来工作，只有靠知识他们才能走得更远。对教育家来说，知识是他们开展工作的能源，知识资本越雄厚，工作成效就越高。教育家必须有教育创造，必须在教育理论或者教育实践中有所建树。否则，难当"家"的称谓。

教育家必须是一个事业上的成功者，这种成功既可以是理论研究的斐然成绩，也可以是教育教学实践的卓越成就。有人说，教育家有四种类型[①]，即通过谋划教育发展战略、制定教育政策，引领教育发展的战略型教育家；微观的教育组织中贯彻国家的教育意志，同时践行自己的教育理想，并产生了很大社会影响和示范效应的管理型教育家；于教育的第一线，为培养人才而孜孜以求，成绩卓著的教学型教育家；掌握教育的内在规律，长期从事教育研究的理论型教育家。每个教育家的成长都需要一方真正属于自己的水土，需要个性化的发展。作为一线教师，应该深谙教育发展的规律，能够在纷繁复杂的教育现象中发现教育问题，提炼出具有推广价值的要素，积极探索教育规律。

教育科研就是研究教育规律，就是发现问题、分析问题、解

---

① 严文清．"教育家办学"的诉求分析［N］．光明日报，2010-7-17（7）.

决问题。没有问题就没有教育研究。教育研究要围绕问题展开，围绕问题聚焦，围绕问题确定思路，围绕问题设计方法。"教育科研称作是以'教育问题'为研究对象的科学"；始于教育问题，终于教育问题，若没有教育问题，人们的教育研究活动就失去了直接作用的对象而不能进行和发展。因此，教育学实质上是以教育问题为研究对象，来实现和完成认识教育现象、揭示教育规律和指导教育实践的目的和任务的一门科学。

教育问题可以产生于教育实践，也可以产生于教育实践同理论的差异或对立，还可以产生于一种教育理论的内部和两种或多种教育理论之间的差异或对立。

问题意识的第一层含义就是"提出问题"的能力，毛泽东主席说过："对任何事情都要问一个为什么，都要经过自己头脑的周密思考，想一想它是否合乎实际，是否真有道理，绝对不应盲从，不应提倡奴隶主义。"① 袁振国在《教育最新理念》一文中有一句很经典的话，即教育"最大问题是没有问题"。著名教育家孔子也说过"不愤不启，不悱不发"，意思就是说教育活动要建立在一定的问题意识之上，如果没有强烈的问题意识，教学从根本上来说是没有意义的。培养学生的"问题意识"离不开教育者。我国现行的新课程改革及教学改革也正是基于这一点，倡导教师要有更多的问题意识。

教育者要有问题意识的第二层含义就是要能在解决问题的同时提出自己的独到见解，要能推陈出新，要另辟蹊径，要与众不同，要有敢为人先的勇气，有第一个吃螃蟹的人的大无畏精神。

被称为"现代教育之父"的美国教育家杜威，其提出的"以儿童为中心"、"学校即社会"、"教育即生长"的教育思想就是

---

① 毛泽东文集（第三卷）［M］. 北京：人民出版社，1996.

在反思和批判赫尔巴特的传统教育思想的基础上提出和形成的，并在此基础上创立实用主义教育思想体系，因此他被誉称"实用主义巨人"，成为近半个世纪以来影响美国及世界教育的著名教育家。

陶行知师从杜威，24 岁时他在美国哥伦比亚大学师范学院专修教育行政，全面学习了杜威的教育思想。回国后，他并没有照搬导师杜威的这套教育思想来中国，而是根据中国社会现状，开展了平民教育运动，对杜威的教育思想加以改造，在反思和改良的基础上继承和发展了杜威的教育思想，发展和创新，本着解决实际问题的初衷，将杜威的教育思想"翻了个跟头"，提出"社会即学校"、"生活即教育"、"教学做合一"等切合我国国情的教育思想，创立了以生活教育为主线的现代教育理论。

教育家富有创见的教育思想的另一个体现就是富有见识，敢于创新。"不做教书匠，要做教育家"。

创新精神是建立在厚实的基本功之上的，超越基本技能的实践和训练去呼唤先进的教学理念，对教学过程中反复出现的诸如课堂管理与组织、教学活动的展开等一般教学技能缺乏理性思考，专业化要求随即成了无本之木。没有高水平的教学技能，也就没有高水平的专业发展。当不好教书匠，也不可能成为教育家。

教育家的内在特征和外在特征要求教育家精通教育科研。（见链接：教育家的外在特征和内在特征）全面提高办学水平，加快学校有质量、有特色、有效能地发展，需要一批锐意创新、懂教育的教育家。教育家更加懂得教育要以学生的发展为出发点，学校要按照教育教学规律办学，把学校的中心工作和任务切实落在提高办学质量、提升办学水平上。

教育家的10大外在特征①

1. 培养了大批人才，其中不乏杰出人才。

2. 受到学生广泛拥戴。

3. 能激发员工的热情。

4. 有广为人知的教育观点。

5. 有可以学习的教育方法。

6. 有明显的教育特色和风格。

7. 有教育定心力。

8. 影响超出学校围墙。

9. 能根据社会的要求作必要的变化。

10. 有人格魅力，道德高尚。

链接2

教育家的10大内在特征②

1. 有长期的教育实践。

2. 热爱学生，尊重学生，公平对待学生，因材施教。

3. 有教育理想和目标。

4. 有自觉的教育理论。

5. 教育理论的具体化、操作化。

6. 追求，探索，总结。

7. 认识达到信念程度。

8. 有社会责任感，是社会活动家。

9. 能与时俱进。

10. 大爱，大志，大智，大勇。

① 袁振国. 教育家的诞生 ［J］. 上海教育，2007（07B）.
② 同①

二、做好课题研究是进行教育科研的最佳平台

教育科研是教育发展的"第一生产力",也是教师专业化发展的必然趋势。因此,只有加强教育科研,中小学校才能提高学校师资质量,同时促进教师专业化发展。

(一)课题研究帮助中小学教师走向教育科研

课题研究就是为了达到特定的研究目标,通过特定的科研项目,进行一系列独特的、复杂的并相互关联的活动,在特定的时间、预算、资源限定内,依据规范完成特定任务的研究过程。应该说,课题研究是教育科研的主要载体,能否做好课题研究,不仅是政府和社会对教育科研的直接需求和要求,也是一个学校实力和教师专业化水平的重要标志。

做好课题研究,能有效帮助中小学教师真正走向教育科研,避免广大中小学教师游离于科研之外。很多教师主动逃避甚至放弃教育科研,有部分教师对教育科研认识不够的原因,更重要的是很多教师没有可以从事教育科研的平台。久而久之,就导致了中小学教师主体精神"迷失"。当前,教育科研的关键在于中小学教师的广泛参与度。把研究作为教师职业的重要任务,就应重视教师在研究中的作用,要给予教师必要的时间,创设良好的研究环境,保障教师参与课题研究,鼓励教师参与研究。

做好课题研究,有助于中小学教师解决目的不明确的问题。一直以来,中小学教师的教育科研一直陷于形式主义的泥潭,一方面教育行政部门大力宣扬,把科研演变成行政命令,作为任务强加于中小学教师;另一方面,广大教师无所适从,在被动中走过场,没有收获。其中根本的原因在于没有弄清楚教育科研的主要目的。教育科研,特别是中小学教育科研到底要干什么、要解决什么问题,指向不明、目标不明。教育是一种社会实践活动,

教育科研最大的特点应该具有针对性、实践性。与此同时，课题研究属于科学研究的范畴，具有一定的学术性，要研究新问题，探索新领域，揭示新规律，提出新思想，提炼新经验，为教育改革与发展提供科学的理论依据和行动指南。所以，就中小学而言，教育科研的学术性和实践性一定是相互关联、相互交织的。任何一种只顾及一端的想法和做法都是片面的。它们一起构成中小学校教育科研的整体目的，也是教育科研最根本的目的。明确了这样的目的，有助于我们克服和避免为了评定职称、评优评先，甚至获取经济利益和好处的功利主义倾向。

做好课题研究有助于中小学教师了解、理解和遵循教育科研规范。教育科研是一种科学探索活动，必然要求任何做教育科研的教师遵守一定的规则、按照一定的程序，科学地运用一定的科研手段和方法。这些内容都对教育科研规范性提出了较高的要求。丧失了规范性，教育科研就一无是处。

教育科研课题的研究，要经过选题、确立课题、制订方案、申请论证、立项、开题、中期实施、中期评估、鉴定结题等环节，这个过程是教育科研必要的过程，也是课题研究参与者学习提高的过程。中小学教师要力戒"只要课题，不要过程"的做法，要避免"千方百计要课题，要了课题冷处理"，随意处理课题，把课题研究庸俗化的做法。我们还要注意任何一项课题都是一项严肃的科学研究项目，要精心分析问题，要认真制定研究方案，要按照课题设定的研究目标，展开有效的研究。做课题，就要养成制定课题研究计划的习惯，防止突击性、随意性。要做到按照既定方案，有序展开，做到系统连贯。不能随意而为，不能想当然，要遵守课题研究的规范性。我们还要做到认真选择适合于课题的研究方法。任何一项研究，都需要一定的研究方法来展开。事实证明，没有最好的研究方法，只有最适合的研究方法。最适合的研究方法，就是与课题研究的目标、内容、领域相关联的多种研究方法，要针对研究实际加以灵活选用，适当的方法能够反映出客观事物的本来面貌，能够深层次剖析问题，能够有助于分析问题的成因，并最终实现研究目的。

（二）从哪里找寻研究课题

明确了课题研究的重要性，接下来就要解决课题来源途径的问题。鉴于广大中小学教师工作性质的特殊性，我们提出教育科研要从小课题做起，循序渐进，由小到大，逐渐做大做强。在寻找课题的过程中，没有主持重大课题经历的教师，不要贪大求快，要善于从小处、小课题做起。

1. 全国教育规划课题项目

目前，设在中国教育科学研究院的全国教育科学规划领导小组办公室（简称"全规办"）是全国教育科学课题的常设管理机构，统筹管理国家社会科学基金教育学科、教育部课题的所有课题。全规办现设有教育基本理论与教育史、教育心理、比较教育、德育、教育管理、教育信息技术、教育发展战略、基础教育、高等教育、职业技术教育、成人教育、体育卫生美育、民族教育等若干个学科规划组，负责科学规划设计、课题评审与鉴定、优秀成果评奖等工作。

其中，国家社会科学基金教育学课题，分为重大课题、重点课题、一般课题、青年课题等；教育部课题，分为重点课题、青年专项课题等。另外教育部项目还有单位资助课题。这类课题面向基层，服务于地方教育科研，由单位资助研究经费。

近年来，还有教育部司局办委托的专项课题。这类课题由教育部司局办根据宏观决策和战略管理的需要，采取项目方式委托有关机构完成，多数由行政部门出资或筹措经费，少数申请部分专款，与委托方签订研究合同。基础教育司、高等教育司、师范司、发展规划司、人事司、财务司、政策研究和法制建设司、民族教育司等都曾经设立过专项课题，如与教育部体卫艺合作的研究专项、与职业成人教育司合作的专项、与基础教育司合作的德语和校外研究专项、与考试中心合作的教育考试研究专项、与中国成人教育协会合作的成人教育研究专项等。

以上课题一般统称为国家级课题，以年度为单位，滚动立项，目前每年立项课题在 600 项以上。

2. 政府资助的其他教育科研项目

科技部归口管理科学技术工作，负责重大基础性研究计划、高技术研究发展计划、科技攻关计划、科技创新工程和社会发展科技计划的制订与组织实施，编制和实施国家重点实验室等科技基地的计划，管理全国科技成果、科技奖励的知识产权保护以及推动科技服务体系的建立等，设有少量教育和心理应用类领域的研究项目。省级政府科技厅也有相应的教育研究项目设置。

国家自然科学基金也有教育研究资助项目课题。该基金会主要面向自然科学的基础研究，有关教育研究领域的是管理科学部设立的教育管理项目以及生命科学部设立的心理学项目。地方自然科学基金会大多数附设在科技厅（局），同时也有相应的教育研究项目设置。

3. 省级社会科学基金项目

省级社会科学教育学科规划课题在全国 31 个省（自治区、直辖市）相继成立了社会科学规划领导小组及其办公室。大多数附设在宣传部，北京市独立设置为局级单位，四川省设立在省社会科学院，广东设在省社会科学联合会。一般实行年度评审。北京、上海科研经费最多，每年达到 1000 多万，个别省没有经费支持。一般设有重点资助课题和一般自选课题。除广东省将教育研究项目转交给省教育科学规划办公室外，其他各省均设立教育学、心理学课题。

4. 中国教育学会课题

为了调动广大教育工作者的积极性，以体现教育科研活动的群众性，教育科研规划课题面向全国择优立项，接受来自各级教育行政部门、所属分支机构、单位会员、各级各类学校、教育科研院所及个人会员、广大教育工作者包括学校校长、广大教师的立项申请。《教育科研规划课题指南》每五年发布一次，自发布之日起开始受理课题申报。规划执行期间除最后一年外每年分两次申报，第一次立项审批在《教育科研规划课题指南》发布后三个月内进行，后续年度为上半年 3 月 15 日－4 月 30 日受理申请，5－6 月组织审批，6 月底公布立项课题；下半年 9 月 15 日－10 月 31 日受理申请，11－12 月组织审批，12 月底公布立项课题，最后一年仅在上半年受理申请。

5. 各级教育行政部门也设立不定期的各式招标课题

为了解决当地教育发展中遇到的突出问题，深化教育改革，很多地方教育行政部门都选择了把问题变成课题，公开向所在地甚至全国范围招标。虽然这种情况不普遍，但此类课题研究有地方经费和行政支持，容易和实际结合，容易出成果。

（三）如何做好课题申报

随着教育科研得到越来越高程度的重视，教育科研经费资助数额也呈现逐年增加的趋势，各级科研课题立项数量也大幅度增加。尽管如此，教育课题立项的数量是有限的。中小学教师申请课题立项，是科研工作不可或缺的一部分；申请课题的能力，也自然是教育科研能力的重要体现。

1. 确定自己的重点研究领域

中小学教师的劳动具有很强的实践性、独特性。每天要在教育教学中花费大量的时间，这是中小学教师必须面对的现实。也就是说，中小学教师不可能对所有的教育问题，对所有的教育现象，对所有的教育领域，都能够全力以赴地去探讨、研究，我们必须有所侧重，才能有所突破。在这样的状况下，中小学教师做好课题研究，就必须有一个领域范围。因此，要善于选择和确定自己重点的研究领域。其一，选择自己最熟悉的领域。毛泽东主席说过，什么是问题？问题就是事物的矛盾。哪里有没有解决的矛盾，哪里就有问题。① 在最熟悉的领域，往往能够发现更多的问题，能够更深入地研究问题，也就更容易多出成果、出好成果。从选题立项的角度，就更容易取得立项优势。其二，选择与教育教学工作密切关联的方向。教育教学工作是中小学教师每天都从事的工作，也是大家最熟悉的领域。教育科研要以教学活动为基础，反过来，科研能够促进教学水平的提高。所以，教学活动既是教育科研的基础，是教育科研的归宿，更是我们做好课题研究应该首选的领域。其三，选择自己最喜欢的领域。爱因斯坦说过，热爱是最好的老师。选择自己的研究方向，确定研究领域，也应该遵循热爱的基本原则。只有选择自己热爱的研究领域，才能够全身心投入，才能够敏感地发现问题，才能够做好课题研究工作。

2. 在重点研究领域中做个有心人

一旦确定了自己的研究领域，就要在这个领域有所观察、有所分析、有所积累。对于课题研究来讲，做个有心人，突出地表现在要树立问题意识上。首先，要善于发现问题，要勤观察、勤思考，善于透过现象看本质。"天下大事，必作于细"。教育科研要做到心细入微。即便在我们熟悉的领域，有些问题即使耳闻目睹，有的时候，我们也可能充耳不闻、视而不见。这就要求我们，必须听要用心、看要留神，处处做有心人。发现问题，是课

---

① 毛泽东选集出版委员会主编．毛泽东选集（第3卷）［M］．北京：人民出版社，1996.

题研究成功的良好开端；察觉问题，为科研确定了要攻克的目标。其次，要认真甄别问题。提出一个问题往往比解决一个问题更重要。教育问题就是教育现象在我们脑海中的反映。从这个意义上说，中小学教师面临无数的问题。所以，我们不仅要善于发现问题，还要学会选择和甄别。也就是说，当一个问题呈现在我们面前的时候，是不是有必要对这个问题进行立项研究，我们有没有能力解决这个问题，都需要做出抉择。因此，我们要做的工作就是要确认这个选题的价值和意义。在此基础上，还要进一步限定问题的范围，把问题进行聚焦，从问题中提炼出一个明确的主题，以确定课题研究的范围。另外，还要学会用课题研究的语言表达问题，确保所要研究的问题，不仅在自我内心是清楚的，还要确保其他人看来也是清晰可研究的。准确表达问题，是课题研究的基本要求，也是选准突破口、进行深入研究的基础。

3. 做好课题设计工作

确定了研究领域，就必然地注意到本领域的问题。对问题有了初步洞察分析，甚至有了一定的研究基础，就可以大胆地申报课题。

申报课题的能力也是一个教师教育科研能力的重要组成部分。要能够在有限的篇幅内，说明课题研究的目标、问题、任务、思路、方法等，还要让专家评委能够一目了然，特别是要能够把课题设计精彩，抓住专家的眼球。

课题设计需要做好充分的准备工作。把课题设计表达完善、设计好至少需要 10 个因素。

（1）课题名称要明确。课题的题目要明确、清楚，表述尽量简练，要把问题的关键表述出来。

（2）理清课题的研究背景和意义。这是设计方案的基础，是课题设计必要的组成部分。这部分内容的核心是要明确问题的提出、选题依据等，说清楚根据什么进行课题研究，等于说清楚了研究的必要性和迫切性；还要明确课题研究的意义。选题意义无外乎实践意义和理论意义。要言简意赅地描述本课题（问题）的真实性、研究的迫切性，阐明课题研究对于问题的解决将产生哪些实际作用。还要概述一下本课题研究的学术价值，展望研究对于相应学科领域将产生的影响作用。

（3）研究的依据。要对该问题的同类研究课题进行文献综述，概述国内外现有研究成果。

（4）确认研究对象。要厘定课题研究的关键词。课题的关键词，指的是课题研究涉及到的核心概念。在课题设计中要把关键词解释清楚，避免产生歧义；同时要把研究对象、问题、条件等界定清楚。

（5）明确研究的目标、任务和主要内容。研究要有明确的任务，研究目标就是把研究任务具体化，是研究要达到的结果。研究的目标含有研究假设的成分，要尽量条理化、清楚明确，同时要注意达成的可能性、可操作性，要准确适度。通过主要任务目标，要达到研究内容完整、系统的设计。

（6）设计研究方法。研究方法需要根据研究的目的、任务和内容，结合研究者自身优势来确定。一项研究往往需要多种研究方法，需要组合式、综合式的研究方法设计。在确定研究方法后，设计中应该说清楚，运用这些方法要做些什么；继而还要明确这些方法怎样才能运用到研究中，以增强方法设计和选择的说服力。

（7）确定研究步骤，也就是对研究的过程进行步骤、环节和时间安排。从研究实施的角度，一般分为研究准备、研究实施和研究总结三个阶段。从课题管理角度，一般分为课题立项开题、中期评估和最终结题。不管从哪个角度划分，都需要在课题设计的时候，对课题每个环节的目标、阶段性任务、时间的分配做到清晰明了，才能保证课题研究按部就班进行，循序推进。

（8）提供研究的保障。要保障课题展开需要的人力、物力和财力等。课题组人员构成要合理，学科互补，各有所长，形成整体合力，显示整体实力。经费分配要设计出分配方案，不能含糊。

（9）展示研究资料。根据要求，把已经掌握的与本课题相关的核心参考资料进行罗列，表明研究者对课题研究基础和现状的把握。

（10）研究成果的设想。研究成果是研究目标的达成结果。研究成果需要用一定形式和载体展现，一般体现为研究的理论成果，比如研究论文、专著等，还可以以其他形成呈现，比如中小学教师的各种经验报告、调研报告、案例等，有时还会根据研究需要，设计研究出一定的研究规划、标准等。另外，研究成果还需有质量、数量两个方面的设计。

4. 科研论文写作的过程就是做科研的过程

在做好课题研究的同时，教师要结合日常教育教学工作，养成多写文章的好习惯，注重积累、注重锻炼，不仅对课题研究有重要的促进，也对我们整体科研能力、专业化水平提升有重要的意义。以下是与课题研究和论文写作有关的几点建议。

教育科研是每个中小学教师在教育生涯中都要从事的事业，不能也无法躲避。做好教育科研就要写文章，多写文章，写好文章。述而不作是教书匠的典型特征。

写教育科研文章的过程，其实就是一个做科研的过程。从文章的题目到内容，都要带着清晰的问题意识，要有明确的研究方法，要有创新的思想观点，要有理、有据、有分析、有调查、有结论。

教育科研是有过程的，课题研究的每个过程都可以变成论文。比如，开题报告中的文献综述、中期报告中的数据分析、结题报告中的报告分析等，都可以整合成若干研究文章。所以课题研究，一定是可以出成果的，要把论文写作与课题研究紧密结合起来。

写教育科研文章是表达自己、表现自己、总结自己、反思自己、提升自己的最好途径。撰写教育科研文章有两个不同境界，一是为了发表、为了课题，二是为了工作、为了提升。后者是我们应该瞄准的目标。

每个人都可以写出好的教育科研论文。这就需要我们切实掌握教育科研的关键点，要掌握教育科研的过程，要把握教育科研的实质和真谛。

写好文章的最好方式是多写作。写好科研文章的前提是在教育科研过程中，多听、多问、多看、多想、多积累、多总结、多归纳、多比较。特别强调带着问题生活、工作，要善于发现问题、分析问题。

写好科研文章要求在掌握基本方法的基础上，逐步形成自己的风格。多写、写好科研论文是提升研究实力，获取研究课题的重要基础。

提倡把小课题研究和论文写作结合起来，做教育科研的研究主体，做研究的真正实践者。关注个人的教育教学反思与行为跟进、教师自身的问题解决与经验提升。在这个过程中，写好科研论文，适时总结自我、展现自我、提升自我。

三、认真学习《教育规划纲要》，开展教育科研工作

（一）《教育规划纲要》是新时期最重要的教育政策文件

1.《教育规划纲要》是新时期最重要的教育政策文件

纲要绘制了未来 10 年我国基本实现教育现代化的宏伟蓝图，是进入 21 世纪以来我国第一个中长期教育规划纲要。对于基本形成学习型社会、进入人力资源强国行列、实现全面建设小康社会奋斗目标、建设富强民主文明和谐的社会主义现代化国家具有决定性意义。

2. 纲要具有里程碑式的作用

改革开放 30 多年来，中央出台了教育方面的三个具有里程碑意义的重要纲领性文件，指引着我国教育发展不断迈上新的台阶、教育改革取得突破性进展。党中央、国务院先后出台了《中共中央关于教育体制改革的决定》（1985）、《中国教育改革和发展纲要》（1993）、《中共中央国务院关于深化教育改革全面推进素质教育的决定》（1999）等重要文件，极大地推动了我国教育事业的发展。在新的历史时期，制定和实施新的中长期教育规划纲要，从全面建设小康社会、加快社会主义现代化建设的全局出发谋划教育的改革和发展，必将推动教育事业在新的历史起点上实现科学发展，为实现我国由人力资源大国向人力资源强国的转变，为中华民族的伟大复兴和人类的文明进步做出更大贡献。

3. 纲要全面总结了我国教育发展的经验

改革开放以来，我国教育改革发展取得的成就，可以概括为"两个跨越"、"一个突破"、"一个重大步伐"和"一个确立"。"两个跨越"，一个是实现了全面普及九年义务教育，实现了农村免费义务教育；一个是高等教育跨入大众化发展阶段。"一个突破"，就是职业教育改革和发展取得了历史性突破，构建了更加完善的现代教育体系。"一个重大步伐"，就是教育公平迈出重大步伐。"一个确立"，就是确立了中国特色社会主义教育体系基本框架，成功地探索出了一条中国特色社会主义教育发展道路。

4. 纲要明确了教育改革和发展的重点内容

纲要的主题是建设人力资源强国，主线是推动教育事业科学发展，灵魂是改革创新。纲要体现了若干重要的政策理念，表现在教育优先发展、以人为本，促进教育公平、提高质量、构建终身学习体系、建设现代学校制度，教育大计教师为本，信息化带动现代化，教育内外形成合力，科学决策民主决策等方面。纲要提出了"优先发展、育人为本、改革创新、促进公平、提高质量"的20字工作方针，突出了促进教育公平、提高教育质量两大战略重点，设定了"基本实现教育现代化，基本形成学习型社会，进入人力资源强国行列"的宏伟目标。

教育政策是联系教育理论和实践的桥梁、纽带。站在新的历史起点上，我们要认真学习纲要的重要内容、细心领会纲要的精神实质，对于做好教育教学工作，对于开展教育科学研究工作，都有着重要的指引作用。

（二）《教育规划纲要》指明了教育科研的方向、提出了教育科研的重点内容

1. 为教育科研工作的开展指明了方向

《教育规划纲要》的实施，为教育科研工作科学发展创造了难得的机遇，提供了广阔空间，也从宏观上为教育科研工作的开展指明了研究方向。

《教育规划纲要》明确提出，要"加强教育宏观政策和发展战略研究，提高教育决策科学化水平"，把教育研究放在了十分重要的位置，对教育研究提出了更高的要求。参与教育研究，要增强服务社会主义现代化建设的使命感和责任感，这就要求在教育研究中要深入探索中国特色社会主义教育规律的基础上，一方面，要坚持理论联系实际，这是教育科研必须遵循的基本准则。做好教育科研，就要关心实践，了解实践，在深入把握实践的基础上进行科学研究，进行思想概括和理论提升；要克服纸上谈兵的弊病，切实为解决实践问题建言献策，有所作为；要加强研究的实证性、可操作性，倡导求真务实的教育科研精神和态度，摒弃浮躁和急功近利心态，走进课堂，倾听意见，潜心研究。另一方面，要勇于研究重大理论和现实问题，要勇于理论创新、观点创新、学术创新，注重加强教育基础理论研究，关注教育理论动

态，跟踪教育改革前沿。同时，要重点围绕教育改革和发展中战略性、全局性、综合性的重大问题，特别是当前教育改革和群众关心的热点、难点问题，设立选题，展开研究。

抓好了教育科研工作，就抓住了教育发展的未来。纲要的实施为开展教育科研工作带来了新的契机。做好教育科研工作要遵循《教育规划纲要》的要求，实事求是，要在思路和重点上全面体现纲要精神，要体现各级各类教育改革与发展的重点研究任务，要体现为教育改革发展服务、为提高教育教学质量服务、为繁荣教育科学服务的"三为服务"科研宗旨。既要着眼长远，又要立足当前；既要组织实施重点科研项目、特色科研课题、联合攻关，又要注意中小学教师一般性科研课题的开展，注重群众性教育科研工作的开展。

2. 为中小学教师提供了教育科研的重点内容

中小学教师要抓住机遇，把精力和研究方向调整到纲要提出的目标和任务上来，参与到教育科研创新的实践中，要提高科研的综合能力，抓住关键环节和重点问题，加以研究突破，创造性地开展工作，真正为政府决策的科学性，为促进教育改革和发展提供理论依据和智力支持。当前要抓住义务教育均衡发展、职业教育能力建设等方面的问题，积极探索办好学前教育、高中教育、民族教育、特殊教育。

从课题研究的角度看，纲要提出的重要课题主要有：

提出了基础教育要提供更加丰富的优质教育问题。在新的历史时期，扩展优质教育资源，最大限度地满足社会需求，特别是通过扩大和建设优质教育资源，满足人民群众日益增长的对高质量教育的需要，已经成为新时期教育改革和发展的新任务。纲要明确提出："提供更加丰富的优质教育。教育质量整体提升，教育现代化水平明显提高。"这是今后我国基础教育改革发展的战略目标之一。

提出了坚持素质教育是教育工作的战略主题问题。党和国家始终高度重视素质教育，全面实施素质教育是党和国家作出的一项重大战略决策。全面实施素质教育是贯彻党的教育方针的时代要求，其核心是解决好培养什么人、怎样培养人的重大问题，重点是面向全体学生、促进学生全面发展，着力提高学生服务国家服务人民的社会责任感、勇于探索的创新精神和善于解决问题的实践能力。

提出了中小学校必须坚持德育为先的问题。德育为先，是教育工作必须遵循的根本原则。纲要提出坚持德育为先是解决培养什么人、如何培养人的重大问题的关键。

提出了中小学校要坚持全面发展的问题。全面发展，是实施素质教育的目标。全面发展作为素质教育战略主题的重要内容，包括全面加强和改进德育、智育、体育、美育和劳动教育，全面提高学生的综合素质。当前情况下，特别要进一步加强和改进体育、美育和劳动教育。

提出了基本普及学前教育的问题。学前教育是我国国民教育体系中最薄弱的环节。纲要用了一章三条的篇幅对学前教育今后的发展做出了规范，显示了国家对学前教育的空前重视。纲要还在学前教育发展目标当中特别提出了"重视 0－3 岁婴幼儿教育"的问题。

提出了加强农村教育的意见建议。涉及了实行城乡教育统筹，改善农村学校办学条件，提高办学水平的问题；解决农村教师缺乏、提高农村教师素质的问题。

提出了进城务工人员随迁子女就学、农村留守儿童健康成长问题。保障进城务工人员随迁子女的受教育权利不仅是保障教育公平的重要课题，也是在推进城镇化、工业化进程中保障国民素质提高的重大问题。农村留守儿童健康成长问题关系到全体儿童、少年平等受教育权的实现和全民素质的提高，关系到社会主义新农村建设。为更好地帮助农村留守儿童健康成长，纲要明确提出，要"建立健全政府主导、社会参与的农村留守儿童关爱服务体系和动态监测机制。加快农村寄宿制学校建设，优先满足留守儿童住宿需求"。

提出了均衡发展是义务教育的战略性任务。义务教育的均衡主要表现为城乡之间、地区之间、学校校际之间都能在义务教育的办学条件、办学水平、师资素质、教育质量等方面大致平衡和相当。所有适龄儿童少年都能依法、平等接受义务教育，享有公平接受义务教育的机会，教育的需求和教育的供给大致相对均衡。

提出了减轻中小学生课业负担的问题。减轻学生课业负担是国家和全社会都关注的热门话题，它关系学生的全面发展与健康成长。把减负落实到中小学教育全过程，促进学生生动活泼学习、健康快乐成长。率先实现小学生减负。

提出了普通高中多样化发展、特色发展、全面提高普通高中学生综合素质问题。推动普通高中多样化发展。促进办学体制多样化，扩大优质资源。推进培养模式多样化，满足不同潜质学生的发展需要。探索发现和培养创新人才的途径。鼓励普通高中办出特色。

提出了完善特殊教育体系问题。纲要提出了要进一步扩大特殊教育的规模，提高残疾儿童少年接受教育的普及率。纲要对各个教育阶段的特殊教育都做出了具体的要求。其中，残疾儿童学前教育要"因地制宜发展"，残疾儿童少年义务教育普及水平要"全面提高"，残疾人高中阶段教育要"加快发展"，残疾人的职业教育要"重视"，残疾人高等教育发展要"加快推进"，面向成年残疾人的职业培训要"大力开展"。

提出了深化教育教学以及管理体制改革的问题。包括如何深化教育教学方法改革，注重培养学生的社会责任感、实践能力和创新精神；探索创新人才培养的途径；高中取消文理分科的必要性和可行性问题；建立减轻中小学生学业负担的有效机制问题；如何改革考试招生制度问题。

提出了创新人才培养模式解读，如何落实"学思结合"、"知行统一"、"因材施教"等问题。纲要在对创新人才培养方面提出了三方面的要求，即"学思结合"、"知行统一"、"因材施教"。其中，学思结合在课程改革中体现；知行统一是对学生参加各种课外活动和志愿服务作出明确要求；因材施教则倡导学生培养方式不拘一格。

提出了加强省级政府教育统筹和区域教育协作的政策措施问题。

提出了解决各级各类教育中的突出问题。涉及解决义务教育优质教育资源分布不均衡、城市择校问题的办法措施。

提出了完善中等学校考试招生制度的问题。纲要规定"完善学业水平考试和综合素质评价，为高中阶段学校招生录取提供更加科学的依据"。高中阶段入学的依据主要有两个，即在原来广泛采用的学业水平考试基础上增加了综合素质评价；要求改变以往的高中阶段考试招生方式，发挥优质普通高中和优质中等职业学校招生名额合理分配的导向作用；要求放宽中等职业学校的招生口径，规定"中等职业学校实行自主招生或注册入学"。

提出了完善中小学学校管理制度问题。纲要提出完善普通中小学和中等职业学校校长负责制；完善校长任职条件和任用办法，实行校务会议等管理制度；建立健全教职工代表大会制度，不断完善科学民主决策机制。

提出了如何改革职业教育发展模式，调动行业、企业兴办职业教育积极性，解决职业教育规模数量、专业设置与社会需求相吻合的问题。如何增强职业教育的吸引力的问题。

提出了如何构建终身学习与人才成长的"立交桥"问题。

提出了保证教育投入和健康发展的问题。涉及如何依法落实"三个增长"、强调政府投入责任；如何多渠道筹措教育资金，鼓励社会投资、捐资教育；建设和谐校园的办法措施。纲要提出了倡导教育家办学的问题。纲要明确提出要"创造有利条件，鼓励教师和校长在实践中大胆探索，创新教育思想、教育模式和教育方法，形成教学特色和办学风格，造就一批教育家，倡导教育家办学"。

提出加强师德建设、提高中小学教师专业水平教学能力，以及加强农村教师队伍建设的问题。纲要明确提出要加强师德建设，加强教师职业理想和职业道德教育，增强广大教师教书育人的责任感和使命感；提出要"提高教师业务水平"；提出要以农村教师为重点，提高中小学教师队伍整体素质。

……

这些问题都是纲要提出来的重要问题，理应成为中小学教师教育科研的重点问题。这些问题都需要通过教育科研机构与研究人员以课题、或以调研等形式介入，研究探索问题解决的思路与方式、方法等。

思考题：

1. 通过学习《教育规划纲要》，结合本校实际，能否从众多的教育问题中，归纳出 1－5 个教育、教学和管理中最值得研究的教育问题？

2. 你怎样理解教育家办学与教育科研的关系？

3. 你认为如何解决没有课题可研究的突出问题？

4. 你面临的做好课题研究最突出的问题是什么？如何解决？

第二章 适合于中小学教师的基本教育科研范式

一、教育行动研究

二、教育叙事研究

三、质的研究

本
章
提
示

　　中小学教师参与教育科研是提升自身素质、提高教育教学质量的重要途径。那种离开实际需要空谈理论的科研是教师所不感兴趣的。只有从实际需要出发，以解决实际问题为目的的教育科研，才能为广大教师所接受。所以，鲜明的针对性和较强的实效性是学校教育科研的明显特征。国内外大量的实践表明，教育行动研究、叙事研究和质的研究是适合一线教育实践者——中小学教师的教育科研方式，是教师专业发展的有效途径。

一、教育行动研究

（一）教育行动研究的缘起

教育行动研究起源于二战时期的美国。当时，任美国联邦政府印第安人事务局局长的约翰·柯立尔，安排人事局内和局外人士共同合作，研究和解决如何改善白人和印第安人之间的关系。起初，他让科学家和实际工作者分别进行研究，结果收效甚微。于是他提出让两者共同合作进行研究，认为会取得良好效果。他认为对于专家研究的结果，与其依靠行政人员及社会人士执行评鉴，不如让行政人员及社会人士依据自身需要，作为研究主体更有效。所以，他鼓励实践者参与研究，并把这种实践者在行动中为解决自身问题而参与进行的研究称为"行动研究"。

随之，德裔美国著名社会心理学家科特·勒温把行动研究直接应用到社会心理学的研究上。他与柯立尔都有共同的发现：社会学科学研究如果仅凭个人的兴趣，或只为了"出书"而搞研究，那么社会科学研究就不能满足社会的需求；实际工作者如不去研究自身所处的环境和面临的问题，又得不到研究者的帮助，仅凭个人热情，就无法做出"有条理有成效的行动"，甚至"无法避免错误的判断"。为了解决"行动"和"研究"的脱节，勒温于1944年明确提出了一条社会科学研究的新思路、新方法，这就是：研究课题来自实际工作者的需要，研究在实际工作中进行，研究由实际工作者和研究者共同完成，研究成果为实际工作者理解、掌握和实施，研究以解决问题、改善社会行动为目的。勒温把这种研究定名为"行动研究"。"行动研究"是由"行动"和"研究"两个词结合而成的。"行动"主要指的是实践者、实际工作者的实践活动；"研究"，主要指的是专业研究者、学者专家对人的社会活动和和社会科学的探索。所以在《行动研究和少数民族问题》一书中，勒温提出"没有无行动的研究，也没有无研究的行动"，并把行动研究定义为"将科学研究者与实际工作者之智慧与能力结合起来以解决某一实际问题的一种方法"。

20 世纪 50 年代，哥伦比亚大学师范学院院长考瑞在他的著作《改进学校实践的行动研究》一书中说道："所有教育研究，只有由研究结果的应用者来主持，才会使研究结果不致白费；同时，只有教师、学生、辅导人员、行政人员以及家长等支持者不断检讨学校措施，才能使学校适应生活。故上述人员必须以个别或集体形式，采取积极的态度，发挥创造性思维，提出合适措施，并勇敢地加以试验；且讲求方法，有系统地收集资料，以确定新措施的效果。这种方法便叫'行动研究'。"在书中，考瑞不仅将行动研究法引入学校管理、课程、教学等各方面问题的解决中，而且详细介绍了行动研究法的理论基础、特点、实施原则和实施程序。他第一个系统地将行动研究用于教育科研，从而使行动研究进入了美国教育科研领域。

20 世纪 80 年代以来，行动研究盛行于西方发达国家，在发展中国家中也得到推广，并且发挥了巨大作用。英国的课堂教学行动研究网络、美国教育协会的分会辅导及课程发展协会、法国的现代学校合作组织等都积极倡导教师参加教育行动研究。此外如奥地利、澳大利亚、南非、泰国、马来西亚、意大利等国都能举出教育行动研究的范例。我国的台湾也有类似的研究。

20 世纪 80 年代以后，教育行动研究被介绍到中国大陆，在上海和北京等地得到开展，并取得了突出成就。21 世纪初始，我国中小学教师运用这种方法解决教育问题正呈现出一种上升趋势。

（二）教育行动研究的内涵及特点

1. 教育行动研究的内涵

由于行动研究经历了曲折的发展过程，人们对行动研究内涵的理解也是见仁见智。目前对教育行动研究的认识主要有三种：一种认为，行动研究是行动者用科学的方法对自己的行动所进行的研究，主要采用测量、统计等科学方法来验证假设，这种认识强调的是行动研究的"科学性"。另一种认为，行动研究即行动者为解决自己实践中的问题而进行的研究。他们关心的不仅仅是统计数据，还重视教师和学生的日记、磁带、照片等所有对以后的回忆和评价有帮助的材料。这种认识更关注行动研究对教育实践的"改进"功能。第三种认为，行动研究即行动者对自己的实践进行批判性思考，以"理论的批判"、"意识的启蒙"来引起和改进行动，认为行动研究是追求自由、自主和解放（专业的自主）的，因而他们把行动研究看做是教师和其他教育实际工作者所进行的一种自我反思的研究，倡导教师对自己的实践进行批判性思考。这种认识强调的是行动研究的"批判性"。

各种定义虽有所不同，但我们也可以从中看出，行动研究的核心是"研究"和"行动"的结合。行动研究就是在行动中进行研究，以研究促进行动的改善。根据以上分析，我们把教育行动研究的内涵表述为：教育行动研究是教育实践的参与者与教育理论工作者或组织中的成员共同合作，为解决实际问题的需要，在教育实践过程中进行的一种教育科学研究方式。

2. 教育行动研究的特点

行动研究的独特之处在于它的研究目的、研究对象、研究情境、研究人员以及研究程序处处围绕着"行动"。行动研究是为行动而研究，是对行动的研究，是在行动中的研究，由行动者进行研究并在行动中调节完善。教师的教育行动研究有以下特点：

（1）行动研究的目的在于解决教育实践中所存在的实际问题。和传统的教育研究不同，行动研究关注的不仅是纯粹的理论发展和创新，尤为关注教育实践中教育者面临的各种实际问题。

行动研究以解决教育教学中的具体问题、改善教育教学实践为要务，是为行动而研究。研究者基于对实际工作中的教育问题进行思考，将其直接或间接地转化为研究课题。因此，行动研究不仅仅局限于某种主张或理论知识，而是特别重视实际工作者对实践问题的认识、感受和经验。

行动研究可以通过对教育实践中问题的解决实现教师的理论和研究水平的提升。更为重要的是行动研究以教师的理论和研究水平的提高为基础，进而促进教师教育教学质量的提高，这才是行动研究的真正目的。

（2）行动研究的主体是教育行动实践者。以往中小学开展教育研究，往往是教师参与专家立项的课题，教师只需按专家安排好的步骤做研究方案的操作者或教育行政指令的执行者即可，具有被动意味。在行动研究中，中小学教师成为研究的主体，他们一边工作，一边研究，从工作困惑中提炼研究课题，研究的结果又运用于改进自己的日常教育工作。中小学教师之间、他们与理论工作者之间合作进行研究是行动研究的显著特点。教育实践工作者通过反思自己与他人的工作实践，专业研究者通过进入现场与教育实践工作者共同实施研究、分析研究成果、解决问题等，实现了研究者与教育实践工作者的合作。

（3）行动研究的过程是动态的、开放的。行动研究不是在实验室和图书馆中进行的，它以教育实践中出现的问题为研究对象，是对行动的研究，是与学校正常的教育教学活动结合在一起的。但在不同的环境中，教育实践者所面对的问题是特殊的，因此行动研究的过程往往不像实验研究那样具有严密的研究计划和严格的研究过程控制，整个研究过程呈现出动态性的特点。行动研究是在行动中研究，强调以真实的教育场景为研究场所，在研究过程当中会出现很多在着手实施之前没有预见的或考虑不全面的问题。为此，研究可以根据情况进行相应的改动，改变原来的方案和假设，必要时甚至可以修改研究的课题，以适应新情况和新问题。

（三）教育行动研究对中小学教师的意义

1. 教育行动研究是解决教育研究中理论脱离实际倾向的良好途径

理论与实践脱节是我国教育研究中长期存在的一个问题。在某种程度上，教育科研成了专家学者的专利。他们多半是通过间接的资料进行研究，其主要目的是为了出书写论文。即使联系中小学教育教学实际，也基本上以"局外人"的姿态，是关于教育的研究，而不是为了教育的研究。总之，专家学者的这种教育研究有如下特征：研究的主体是理论研究工作者，而不是教育的实际工作者；研究的目的是描述和解释教育的研究，而不是改进教育实践的研究；研究过程基本上游离于教育实践之外，是一种旁观者的研究。这样的研究成果很难为广大一线中小学教师所理解、掌握和应用，收效当然不大。这一理论脱离实际的现象，不仅影响了教育科研对实践的指导作用，而且阻碍了教育理论的发展。

教育行动研究恰好相反：一方面，它的实践性是非常明显的，无论是研究的出发点、研究的目的，还是研究的主体、研究的过程，都离不开实践和实践工作者。另一方面，行动研究也并非不重视理论的作用。它强调理论工作者与实际工作者的结合，使两者相互合作，平等对话，共同促进和提高。中小学教师可以从专家那里获得必要的专业理论知识和研究技能指导，理论工作者也可以从真实的教育实践中获得第一手材料，发现新问题和新课题，甚至发现和创造新的理论，使研究成果更容易为广大中小学教师所接受。所以，有人将行动研究的特征概括为：问题即课题，工作即研究，教师即专家，效果即成果。

![例2-1]

前苏联的著名教育家苏霍姆林斯基，他所走的教育研究的路子，就是一条理论与实践相结合的路子。

作为帕夫雷什中学的校长，从1948年到1970年，他本人亲自搞调查，做记录，深入跟踪观察和研究了29个班级共700余名学生从入学到毕业整个10年学习期间的生活，研究了178名"最难教育的"学生成长的曲折过程。根据大量的实际材料，分析了这些学生的童年、少年和青年时期在德、智、体、美、劳诸方面的成长过程，揭示了他们的知觉、情感、兴趣、需要、意志的心理发展和言语的不同特点。

在长期的教学工作和教育研究中，他写出了41部专著和小册子，600多篇教育论文，约1200多篇童话、故事和短篇小说。他的书被称为"活的教育学"，被译成30多种文字在国内外出版。

苏霍姆林斯基伟大、光辉的一生给后人的最大启示是，教育理论工作者应深入教育教学第一线，做深入细致的研究工作，而教育工作者除了搞好日常工作之外，也时刻不应忘记肩负的理论研究的使命。真正的教育家是教育理论家与教育实践家的完美结合。苏霍姆林斯基堪称理论与实践结合的典范，用今天的眼光看，在一定的意义上，他也可以说是教育行动研究的楷模。由此可见，行动研究是一条实现理论与实践结合的坦途，值得大大提倡。

所以，20世纪90年代以来，西方学者提出了所谓大学中小学联合的教育研究发展模式，主张大学教师与中小学教师联合起来，各取所长，共同促进教育理论和教育实践的发展，确实是很有道理的。

2. 教育行动研究有利于突破科学实验的种种限制，简便易行，易于为广大中小学教师所接受

在教育科学研究领域，更多的教育研究工作者采取了思辨研究或实证主义的研究方式。前者需要理论推导和资料引证，这对于承担着繁忙的教育教学任务的中小学教师来说，既有一定难度，又缺乏现实的运用价值；后者为了追求量化、客观化和精确化，往往想方设法控制某些变量，力图使教育研究模仿自然科学实验。这种方法虽然有一定指导意义，但教育科研有其自身的特点，它以人为研究对象，教育环境千变万化，因果关系相当复杂，不能简单模仿、照搬自然科学的实验方法。加之，它在实验研究之前，就从理论假设、实验原则等方面对实验者的理论水平提出了较高的要求，因而对多数中小学教师来说，也未必适合。

教育行动研究，是从实际出发而非从理论出发而进行的科研方式，教师可以边研究、边学习、边改进，正好能避开上述两种研究方式的局限性，易于为广大中小学教师所接受，也容易在中小学教育教学实践中开展。

3. 教育行动研究有利于改进学校工作，提高教师的教育理论水平和教育教学能力，培养出科研型教师

国内教育行动研究的实践，可以有力地证明这一论断。

例2-2

首都师范大学和北京市教委共同开展的全面提高北京市初中教学质量的课题研究就是一个生动的例子。1998年，首都师范大学的21名教师，深入到北京市8个区县23所中学，与500名教师共同承担了这项教育行动研究。通过三年的努力取得了丰硕的成果。参与研究的五所基础薄弱的初中，学校面貌有了根本改变。116中在区教育教学综合评价中跃居初中学校的首位；和平里中学与 181 中均被评为"教育科研示范校";北方交大二附中被评为区"教育科研先进校";新街口中学被评为"教学管理达标学校"。

谈起三年的研究,中学校长们深有感触地说:"是课题研究把我们从终日忙于应付学校事务的状态中解放出来,使我们确立了明确的办学方向,形成了清晰的办学思路,提高了管理能力和决策水平。同时也把师生从苦教苦学的死胡同中领出来,使我们走上了靠科学研究提高教育质量的正路。"

中学教师们充满感情地说:"是学校的科研氛围'逼你学习,逼你成功';是'科研兴校'使我们的生命更有意义、有价值,生活更加充实,更加充满青春的活力。"

校长们谈起教师的变化则说:"教师们最大的收获是学会了反思、学会了研究、学会了在研究状态下工作。过去说基础薄弱校的老师是'教书匠',我觉得评价还是高了,只能说是'教书的'。通过课题研究,使我们从'教书的'、'教书匠'向研究型教师迈出了可喜的一步。"①

(四)教育行动研究的一般程序

由于理论背景不同,行动研究的模式也多种多样,而不同模式因为假设不同,关注的问题也不同,因而在实施行动研究的具体步骤上也应有所差异。如勒温认为可以用计划、调查、实施等概念来描述行动研究的过程。英国学者凯米斯认为,行动研究是一个螺旋式加深的发展过程,每一个螺旋发展圈都包括计划、实施、观察、反思四个相互联系、相互依赖的基本环节。我国台湾学者潘慧玲在其主编的《教育研究的取经:概念与应用》一书中,综合国外学者的观点,提出行动研究的步骤包括寻找问题、

---

① 突破基础教育的瓶颈[N].中国教育报,2001-9-24.

厘清问题、发展行动策略并付出实践、评鉴、撰写报告。华东师范大学陈桂生教授关于教育行动过程的设计包括四个环节，即计划（P）、执行（D）、检查（C）、总结（A）。

客观地讲，整齐划一的研究模式或步骤既没有必要，也不可能，因为整齐划一的模式或步骤本身就与行动研究的主旨相悖。行动研究在遵循其基本特征的基础上尽可能形式多样，但作为一种科学的研究方式，一个完整的研究单元基本包括以下环节：

1. 诊断

教师在每天的教育教学实践中都会遇到一些需要解决的问题甚至是难题，这些问题或难题有的是课堂教学上的，有的是教材使用上的，有的是班级管理上的，有的是个体专业发展上的……要解决这些问题，首先要对问题本身有清晰的认识，比如遇到的是什么性质的问题，这个问题是具有普遍性的还是个别的，造成这个问题的原因可能有哪些，这个问题的存在对教育教学工作会产生哪些影响，等等。这个追问和作答的过程就是诊断，而这个过程既可以是教师个体的自我诊断，也可以是教师群体的共同诊断。

2. 计划

对问题有了诊断之后，就要考虑如何解决这一问题，需要设计出行动方案，即研究计划。计划的内容包括：

（1）课题研究的背景。包括当前教育教学改革的形势和要求、本课题中研究对象的实际情况、预期达到的研究目标、课题研究的价值、拟定的研究路线和方式等。

（2）研究内容。即本课题要解决的主要问题及拟采取的措施。

（3）行动的步骤及时间安排。含前期准备工作及研究进程的具体行动步骤安排。

（4）预期成果及其表现形式。包括书面总结或论文、调研报告、教育教学行为观摩、学生成长变化等。

需要指出的是，教育行动研究计划制订出来并不是一成不变的，在对问题进行深入研究的过程中，总会有一些事先没有考虑周全的新问题、新情况出现，这就需要对研究计划不断进行及时调整，以确保行动研究顺利进行。

3. 行动

行动阶段主要包括两方面工作：实施计划并对计划的进展情况进行观察。

行动研究的根本目的就是要解决教育实践中存在的问题，从而改善工作的质量，所以，把计划付诸实施是行动研究的核心步骤。行动研究中的行动与其他研究方法中的行动不同，它具有更大的情境性和实践性，它是在不脱离正常的教育教学秩序的前提下进行的。因此，在行动阶段，就会受到来自教育现实的诸多因素影响，使得研究不可能完全按计划步骤进行，而是需要根据实际情况做出必要的调整。

在实施计划的过程中，另一个重要的任务是对行动的进展情况进行观察并做好记录。"观察"是指对行动的过程、结果、背景以及行动者的特点的考察。"观察"是反思、修订计划和进行下一步的前提条件，收集相关资料，以便及时对计划的实施情况有所了解，并最终对本研究的过程和结果做出较全面和透彻的分析。

4. 反思

反思阶段要完成的任务是：

（1）整理和描述。即对制订计划、学习理论、实施计划、阶段检查的全过程加以归纳整理，勾画出多侧面的生动的行动过程。

（2）评价与解释。即对行动的过程和结果作出判断，对有关现象和原因作出分析解释，找出计划和结果的不一致性，从而提出设想与计划的修正意见。

（3）写出研究报告。行动研究的报告要有自己的特色，允许采取多种不同的写作形式。如让所有的参与者共同撰写叙事故事，让不同的、多元的声音一起说话，也可以编制一系列个人的叙述、生活经验，让当事人直接向公众说话等。

（五）关于教育行动研究的几点说明

1. 行动研究具有不同的层次

行动研究包括教师个人单独研究、学校范围内若干教师的合作研究、科研人员与教师的合作研究，以及科研人员、教师、行政领导三结合的研究。后两者是行动研究的典型层次，是我们提倡的重点。

2. 行动研究的课题可大可小

行动研究既可以是针对个别学生、特定事件的研究，也可以是班集体内或整个学校内某个突出问题的研究，还可以是一个城镇、区县、地市乃至一个省的范围内带有普遍性的问题的研究。教师可以根据自己的情况有所选择，先从小课题开始，逐步向中、大课题发展。

每所学校应重点抓好一两个对学校发展、教育教学质量提高有较大影响的龙头课题（或称核心课题），以便有效地推动全局发展。

3. 广义的教育行动研究既可以反思已经发生的教育行为，又可以探讨教育行动的变革

反思已发生的教育行为，称为教例研究。其做法是：从对自身工作经验的回顾与反思中发现课题，进而把发现问题及处理问题的全过程写成教例，然后围绕此例展开研讨和分析，在此基础上形成教例研究报告。教例研究能够充分尊重和吸纳教师已有的教育经验，唤起教师研究教育问题的兴趣，鼓舞教师长期从事教育研究。这种研究方式不失为教师步入教育研究殿堂的第一个

台阶。

探讨教育行为变革的研究，就是从工作中的实际问题出发，以解决实际问题为目的的研究，称为问题研究。它是教育行动研究的主要形式。

4. 教育行动研究具有兼容性

行动研究并不排斥其他研究方法，相反可以吸收借鉴其他研究方法，不断提高教育科学研究的层次。教育科研方法中的调查法、经验总结法、专项内容分析法等都可以在行动研究中加以应用。随着教师科研水平的提高，科学研究中的定量、定性的观察技术和资料分析技术，课题实验的技术都可以采用。

当前，为了破除教育科研的神秘感，应当提倡教师由易到难，首先采取简便的方式进行研究。如可以从撰写教学心得、教例分析、教学随笔开始，逐步提高教科研能力，直至写出水平更高的论文或研究报告，成为教育科研的行家里手。

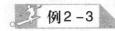 例 2-3

通过评价，他进步了

一、发现问题（诊断）

小亮，小学一年级，年龄在班中最小，个头却在班里最高。家长对他很关心，每天放学后都要问我他在校一天的表现，并和我交流他在家的情况。对于这个孩子，我真是又爱又恨。他的行为习惯很不好，上课坐不住，手老是放在位斗里玩，下课就招惹同学，常常是我一到学校，就有人告他的状，最多的一天，同学告了他几十次。开学没过多久，班里的孩子就开始孤立他，课上不愿意和他分到一组讨论问题，下课不和他一起玩。我多次提醒别的孩子，但由于他老是出状况，常常因为管不住自己而让值周生给我们班扣分，孩子们跟我说：不喜欢他。我无法批评别的孩子，他们有自己的观点，有自己的好恶。如何有针对性地对他进行教育呢?

二、计划与行动（见实施记录表）

实施记录表

时间	要求	实施过程	效果	原因分析
第一天	尽量不把手放在前面，坚持两节课，将得到一颗表示纪律好的绿星	早晨到校后给予提醒，提出希望	没有做到	第一节课是数学，我没有和数学老师交流这件事，老师没有特别地监督他，所以他又在数学课上玩尺子了
第二天	在语文课上不要把手放在前面，由坐在他旁边的同学和我监督	课上多次叫他回答问题，给予关注，及时表扬	语文课做到不玩手，但其他课还有玩手的现象	我想，孩子的任何行为的形成都有一个过程，必须给孩子时间和机会
第三天	语文课上举手次数不得少于10次	尽量在他举手时叫他或向他点头，示意教师的关注。及时发给他表示纪律好的绿星	课上踊跃举手回答问题，很少再玩了	通过提问，可以淡化他上课玩手这件事，转移他的注意力，取得了不错的效果
第四天	没有对他提出更高的要求	方法类似于前一天	表现比较出色，虽然有违反纪律的情况，但不再玩手。课后在没有老师监管的情况下还是管不住自己	我想三天了，他的情绪一直处于高度兴奋状态，给予持续的关注应该能够改掉这个分散注意力的坏习惯

时间	要求	实施过程	效果	原因分析
第五天	希望他得到其他的老师的赞赏。让他想办法	我和美术老师进行了沟通，在美术课上给予他关注。当天晚上给他家打电话，向他表示祝贺	他课后跟我说："觉得老师都喜欢我，想做一个好孩子。"	如果只是我对他进行关注可能效果还不明显，其他老师的欣赏给他带来更大的自信，他的进步很大！
第六天	给他打电话：要求他星期一早上到校后为集体做一件好事	周一早晨，他拿出几个小镜框跟我说："咱们班谁表现好，就把谁的照片展览在镜框里。"我及时表扬了他，并号召全班同学向他学习	又一次受到老师的表扬，他很高兴，有同学参观起了他的小镜框，同学们也开始喜欢他了	早晨的事对他影响不小，这一天他都没有违反纪律，而且和同学们相处得不错。愉快的情绪使他乐于上学，并有了做好学生的自制力
第七天	没有对他提出更高的要求	今天，他又做了一件好事，就是拿来20个装文件的小口袋，他说："老师发的小卷子装在口袋里就不会丢了。"他一定是把头一天我批评个别同学把老师发的小卷子乱扔的事记住了，并想办法帮助解决这件事	我又一次表扬了他。希望同学们能像他一样热爱集体	我想，他已经成为了一个有心人，能主动为集体做贡献。虽然他的动机还可能仅仅是为了获得老师的表扬，但是至少他和同学的关系改善了。我真的很高兴

时间	要求	实施过程	效果	原因分析
第八天	没有对他提出要求	早晨到校后，我第一个叫他，让他帮我做值日。课上，当他出现玩手的现象时，就表扬他身边的同学做得好，以此来提醒他，避免直接批评他。课后，让他擦黑板，避免他违反纪律的情况出现	效果不错，表现很积极	我想适当地转移他的注意力，也许会对他有益，果然，效果不错
第九天	没有对他提出要求	没有过多的关注	这一天表现不错	我觉得只要他养成习惯，遵守纪律不是难事
第十天	告诉他今天要评班里的"好学生"，希望他争取	这一天对他的表扬非常多，只要他做得不错，就及时在全班表扬	果然，在评比中他获得"好学生"称号	这十天的关注好像是取得了效果，不知道他能不能坚持下去

三、结果

我只记录了两周的时间，但我明白，对于个别生的教育需要持之以恒。目前，小亮虽有很大进步，但还是时不时地犯一些小毛病。但通过两周的观察教育，取得的成效是明显的，他的妈妈很高兴，见到我经常说："孩子有进步，在家也不让家长太费心了，觉得自己的孩子虽然上学时间不长，但真的长大了不少。"

四、反思和讨论

教育学生需要给予他成功的体验。对于一年级的小学生，太多的大道理他们不明白，太多的说教他们不接受，我想：真心地爱他们，给予他们每个人成功的体验，关注他们，就能够走进他们的世界，成为他们的朋友，大人与小孩离得并不远。老师可以利用小孩子希望得到老师表扬的心理，通过恰当的方法，矫正他们的一些坏习惯。最重要的是老师千万不能放弃他们，毕竟他们的学校生活才刚刚开始。老师与学生贴得近，有教育的责任感，才能有成功的教育。

【点评】

一个完整的行动研究的过程包括以下四个步骤：A 发现问题和界定问题（诊断）——B 制订行动计划——C 实施和记录行动——D 反思和评价。这篇教师行动研究报告，对事件的记录比较详细，并且创新性地使用了表格这种形式，十分有效地将制订行动计划与实施和行动的记录结合起来，最终教师采取的行动促进了问题的改进。这种能促进教师改进自己实践知识的研究，是广受提倡的教师研究范式，它能够更具体地解决教育教学中出现的问题，促进自己教育教学水平的提高。

此案例中也有两处不是十分完善。第一，教师把分析问题融入了行动过程之中，给人的感觉是"摸着石头过河"。一般来说，研究者在发现问题以后，应该对问题出现的原因进行推断和分析，然后制订相应的行动计划，这样更能保证行动的合理性。当然，在行动过程中可以对原来的行动计划进行调整。第二，反思与体会部分比较笼统，缺少针对性，行动研究实施后的效果、成功之处、不足之处、应该如何改进等问题都值得深入反思。另外，在深入反思的基础上对尚未解决的或者新出现的问题制订新一轮的行动计划也是非常必要的。①

---

① 韩建. 例谈教师如何做行动研究［J］. 当代教育科学，2007（2）.

二、教育叙事研究

（一）教育叙事研究的缘起

20 世纪以来，教育测量、教育调查与统计、教育实验等实证主义研究范式在教育界一直占主导地位。人们希望通过科学技术的手段获得对数据的确切掌握，以此构建符合教育的普适性规律。后来人们逐渐发现，追求教育数据的精确性固然重要，但只凭此一项并不能对复杂多样的教育现实做客观全面的描述，对精确性的追求反而使教育研究逐渐偏离教育实践。正像德国人文教育学的代表人物赫尔曼·诺尔所说："教育学派在其（赫尔巴特，作者注）下几代渐渐地变得僵化起来，丧失了缔造者所具有的强烈冲动，埋没在技术和纯粹的陈规俗套之中，这是所有教育学派的命运。"[①]

20 世纪 40－50 年代，荷兰学者兰格威尔德将现象学引入教育研究之中。80 年代，加拿大学者马克斯·范梅南成为教育现象学的杰出代表，也被称为教育叙事研究的领跑人[②]。2000 年加拿大学者康纳利和克兰蒂宁合作出版了《叙事研究——质的研究中的经验和故事》一书，他们认为，人类的经验是以叙事的方式来建构的，并以故事的方式存在着。对教师的研究，就是对教师生活故事的研究。教师通过对一个个亲身经历的实践经验的描述为教育研究提供素材，理论研究者从教育事件的显示过程中建构教育的意义。这样，叙事研究就成为理论与实践相结合的桥梁。

教育叙事研究在我国兴起是在 20 世纪 90 年代末，由华东师范大学丁钢教授引入。在其主编的《全球教育展望》杂志中，曾

---

① 苏辛. 发展冲动 [J]. 中国远程教育，2006 (8).
② 丁钢. 像范梅南那样做叙事研究 [J]. 上海教育，2005 (8).

在 2003 年第 3 期和第 4 期辟专栏刊登了教育叙事方面的文章，由此，这样一种教育研究方式引起了国内学者和广大教师的普遍关注。2006 年，中山大学在全国高校中首次向全体教师征集教学案例和教育叙事研究报告，标志着教育叙事研究开始在高等院校教师中推广。近些年，教育叙事研究因其普适化的特点而受到广大教育工作者的青睐，其研究成果层出不穷。

（二）教育叙事研究的内涵与特点

1. 教育叙事研究的内涵

教育叙事研究是指研究者（主要是教师）以故事为手段，通过对有意义的校园生活、教育教学事件、教育教学实践经验的发生、现在的影响以及未来的期待的描述与诠释，发掘或揭示内隐于这些生活、事件、经验和行为背后的教育思想、教育理论和教育信念，从而构建教育生活意义的一种研究方式。

叙就是叙述，事就是故事、事件。教育叙事，即叙述教育教学中的真实情境过程，讲述教育故事或事件。教育叙事研究"是一种平民的思维和话语方式"，它并不直接定义教育是什么，也不直接规定教育应该怎么做，它只是给读者讲一个或多个教育故事，让读者从中体验教育是什么或应该怎么做。

总之，相对于以往的科学化研究而言，教育叙事研究更强调人们教育经验的联系（即以教师自身的真实生活为基础），并通过故事叙述来描述人们在自然情境下的教育经验、教育行为以及作为教育群体和教育个体的生活方式（即以教师自己的故事建构为手段）。因此，教育叙事研究强调的不仅是客观规律的发现，它更加关注人们教育经验的存在意义。

概括地说，教育叙事研究就是将客观的过程、真实的体验、主观的阐释有机融为一体的一种教育经验的发现和揭示过程。

2. 教育叙事研究的特点

具体而言，教育叙事研究具有以下特点：

（1）非虚构性。教育叙事研究所叙之事是教师自己亲身经历的教育事件，是真实的教育故事，而不是虚构的事件。这就需要教师平时善于捕捉、积累和总结自己在教育教学过程中遇到的典型性事件，因为只有原汁原味的教育事件才有特定的研究意义。

（2）自身工具性。在教育叙事研究中，叙述者（即研究者）既是说故事的人，也是自己故事里或别人故事中的角色，即他（她）既是局外人，又是局内人。叙述者将自己放到故事中，从自己的视角去观察和体验，对事件中的某个角色（学生等）做出较为科学与合理的行为和心理假想，从而使故事的人物角色更饱满、更真实。

（3）情节性。案例和叙事不是记流水账，而是记述有情节、有意义的相对完整的故事。通常有与所叙述的教育教学事件相关的具体人物、冲突和事件发展等情节。每个案例或叙事都包含一个或多个的"意外事件"或冲突，冲突可以是外部的，也可以是内在的。

（4）可读性。阅读者可以从叙事报告的故事情节中感知教育教学影像，清楚地把握教育教学中出现的问题，并用内省、比较的方法去解释报告中的问题解决方式。由于这种影像化的故事情节来自具体的教育经验，所以它能够提供给阅读者身临其境的感受。对于教育者而言，这种感受对教育观念、教育方法的改进影响会更加具体、更深入。

（5）反思性。教育叙事并非对教育事件情节的简单记述，它是一种反思性研究。教师在叙事中反思，在反思中深化对问题或事件的认识，在反思中提升原有的经验，在反思中修正行动计划，在反思中探寻事件或行为背后所隐含的教育意义、理念和思想，在反思中提升教师个体专业发展水平。

因此，教育叙事研究是一种重要的教育研究方式，它将教育教学过程、体验和反思融合起来从而发现教育教学经验。它既关注教育的理论与逻辑，又关注事件与情节，还关注体验与反思。

（三）教育叙事研究对中小学教师的意义

中小学教师每天都在经历着各种各样的教育事件，教师的教育生活就是由一个个教育事件累积而成的。教育叙事就是讲述教师日常教育生活中的故事，讲述那些蕴含着教育意义的故事。那些影响着学生和教师自身生命成长的细微脉络可能在故事叙述的过程中清晰地展现出来，同时也展示出教师的教育生活如何发展的可能路径。正因为如此，以讲故事的形式出现的教育叙事，因其对复杂教育生活中的细微脉络的揭示而使之区别于一般性的故事讲述，成为教师对自身教育生活的反思性研究，成为增长教师的实践性知识、提升这种实践性知识品格的重要形式。教育叙事独特的存在价值主要体现在：

1. 教育叙事促使教师对自身教育教学行为进行反思

杜威说："反思是对经验进行重构或重组，使之增加经验的意义并增强指导后续经验方向的能力。"教育经验并不会自然地成为学习资源，只有经过反思的经验才是教师的自我财富。美国心理学家波斯纳提出了教师成长的公式：成长＝经验＋反思。相反，如果一个教师仅仅满足于获得经验而不对经验进行深入思考，那么，即使他有几十年的教育教学经验，也许只是一年工作的几十次重复。除非善于从经验反思中吸取教益，否则就不可能有什么改进，他永远只能停留在一个新手型教师的水准上。

教育叙事对于教师自身而言，不仅是一种介入教育研究的方式，而且是作为一个"教育者"进行教育反思、探究教育问题的基本方式。在这个过程中，教师不仅将自身教育经历叙述出来，更主要的是反思教育事件背后蕴藏的经验教训、教育理念、教育规律，日积月累，达到提升自己的研究水平和教育素养的目的。

2. 教育叙事增强了教师对教育生活的自我理解，提升教育智慧

一个人对周围世界的发现往往同时就是对自我心灵世界的发现。教育叙事，使教师与自己经历过的活生生的教育生活进行对话，丰富教师对教育生活的理解与认识。教师在教育叙事中发现与重识自己的职业生活，修正或强化自己的人生观，使自己的心灵世界得到丰富和充实。

伟大教育家苏霍姆林斯基毕生躬行于教育一线，与孩子朝夕相处，坚持写了 32 年的教育日记。他在《给教师的 100 条建议》中写道："我建议每位教师都写教育日记。教育日记并不是在形式上某些要求的正式文件，而是一种个人的随笔和札记。这种记载对日常工作颇有用处，它是进行思考和创造的源泉。每位善于思考的教师都有自己的体系，自己的教学素养。如果一位内行教师、富有创造性的教师，在结束其一生的创造劳动时，把他长年劳动和探索中的一切成就都带进坟墓的话，那将失掉多少珍贵的教育财富啊！"

我国一些著名的教育家，像魏书生的《班主任工作漫谈》、李镇西的《心灵写诗——李镇西班主任日记》等，都是他们在长期的教育工作中日积月累、凝练出的教育智慧。教育日记正在成为一种主要的教育科研方式。教师即研究者，教育日记就是叙事，就是个案，就是研究。教师将每天工作中遇到的问题和困惑记录下来并进行反思，在反思中寻找解决问题的出路，并探寻建构具有自身特色的教育方式方法，促使自身的专业素养不断得到提升。

20多年的教育成长经历告诉我，教师的写作，对于教师的成长实在是有着十分重要的作用。比如，有许多教师是因为《爱心与教育》而记住了我的名字，我也因这本书而赢得了许多读者的尊敬，并渐渐被人称作"教育专家"。但其实只有我自己知道，我并不比千千万万的一线普通教师高明多少。常常在外面向同行们作汇报时，我总是说："其实，我和大家是一样的——对学生的爱是一样，对教育的执著是一样，所遇到的困惑是一样，所感受到的幸福也是一样，甚至包括许多教育教学方法或者说技巧都是一样的！如果硬要说我和大家有什么不一样的话，那就是我对体现教育的爱、执著、困惑、幸福、方法、技巧的故事进行了些思考，并把它们一点一滴地记载了下来，还写成了书。仅此而已！"这是我的心里话。的确，在同样有着丰富实践经验的前提下，也许恰恰是写作使我现在拥有了许多教师所羡慕的所谓"成功"。可以毫不夸张地说，写作为我的教育事业插上了翅膀。不能设想，如果我的教育事业离开了写作会是什么样子。

完全可以这样说，就日常工作而言，绝大多数教师的敬业精神都是令人敬佩的；而且，所有教师的工作都是一样的琐碎而辛苦；但最后，为什么只有少数教师成为了教育专家或专家型的教育者呢？区别就在于是否记录并思考。

近年来，"行动研究"、"叙事研究"成为比较时尚的教育科研词汇。其实，这里的"研究"首先是教育者自己对自己的研究，也就是说，教师既是研究者，同时也把自己当做研究对象。怎么研究？做一个反思型教师，以写作为载体，反思自己的实践。这里的"写作"实际上是搜集积累自己的教育矿藏的过程，也是总结提炼自己的教育智慧教育艺术的过程。和有些教师仅仅是应付职称评定的"写作"不同，反思型教师的写作有两个特点：第一是"日常性"，把写作当做自己的需要并养成习惯，通过每一天的写作点点滴滴地积累教育心得，而不是到期末为了应付校长才写一篇总结；第二是"叙事性"，就是写原汁原味的教育案例，不必煞费苦心地"构建"什么理论框架，也不借时髦的"理论"和晦涩的名词来进行学术包装，就让自己的教育故事保留着鲜活的气息，让心灵的泉水自然而然地流淌出来。①

让心灵的泉水自然而然地流淌，并从中提取教育艺术和教育智慧。教育叙事是每位教师都可以操作并能从中受益的研究方式。

3. 教育叙事实现了教育理论与教育实践的结合

教育理论与教育实践的结合一直是教育研究者和教育实践者追求的理想目标，也是教育研究领域的难题。教育叙事凭借其丰富的生活内涵有机地结合了教育的理论与实践。一方面，专家学者对教育理论的内涵领会精深，对问题的思维方式多样，不局限于现实的视角，可以透过教育叙事分析研究当前教育中存在的问题，探寻解决问题的有效途径，从而更好地从宏观上指导教育改革；另一方面，教师通过教育叙事，反省和探究自身的实践经验，运用理论分析去解决教育实际的问题，并从中升华自己的教育经验。所以，教育叙事研究能够很好地将教育研究者与实践者联系起来，做到教育理论与实践相结合。

（四）教育叙事研究的基本方式

从内容上看，教育叙事通常包含三种基本方式，即教学叙事、生活叙事和自传叙事。

1. 教学叙事

教学叙事即教师将某节课堂教学叙述出来，使之成为一份相对完整的案例。

---

① 李镇西. 做最好的老师［M］. 北京：文化艺术出版社，2011.

课堂教学是学校教育的主渠道，也是教师工作和研究的主要内容。一节课作为一个相对完整的教学单元，比较集中地体现了教师在日常工作中面临的各种教育、教学问题，是十分适合教师开展叙事研究的对象。课的内容是非常丰富的，叙事研究可以从不同的角度切入。如一节课的整体教学设计与实施，包括教学设计思想、教学过程、教学要点、课堂教学效果等；一节课中的某个环节或侧面，包括教学过程的特定阶段、教材内容的处理调整、教师的教学行为、学生的学习方式等；课堂上的意外或突发事件，包括学生的争吵或冷场阻碍了教学进程、教师困窘于学生提出的难题等。还可以把课前（课前的准备阶段）、课中（课堂教学阶段）、课后（课后的评价阶段）作为一个完整的教学过程和研究对象，也可以有重点地研究其中的某一部分，如某节公开课前集体备课过程中的争议，或课后评课引发的不同议论和评价，都是很有价值的研究内容。

值得注意的是，教学叙事不只是将课堂教学进行录像。课堂教学实录不能表现教师的反思以及反思之后得到的教学改进策略。所以，教育叙事通常采取夹叙夹议的方法，将自己对教育的理解以及对这一节课的反思穿插到相关教学环节的描述中，用"当时我想"、"现在想起"、"如果再有机会上这一节课我会……"等方式来表达自己对教学改进的思考。

例2-5

于漪老师关于《木兰诗》教学的叙事

今天上《木兰诗》课结束时，突然出现了一个意想不到的情况。我说这首诗是千古传诵的名篇，两次课能初步背诵是强记，课后要熟读牢记。小忻噗嗤地笑了一声，问其原因，他说"同行十二年，不知木兰是女郎"是不可能的，许多同学附和他的意见，说："跋山涉水总要洗脚，虽不是实数十二年，总是时间很长，鞋子一脱，小脚就出来了，怎会不知是女的？"我指出北朝时候女子还没有裹小脚，谁知学生异口同声地问："那么什么时候开始包小脚呢？"我被问住了，答不上来。

知之为知之，不知为不知，绝不可强不知以为知。我如实地告诉同学自己答不上来。课后想办法去查。

备《木兰诗》竟然要备中国古代女子什么时候裹小脚，这是我怎么也想不到的。

教后而知困。做一个中学语文教师该具备多少相关知识啊！问题还不在于教某一篇课文前的准备，而在于平时的广泛涉猎，细心采摘，日积月累。只有源头活水，课堂上才不会出现或少出现捉襟见肘的尴尬境况。

教学相长。学生促使我学得多一点，学得深一点。感谢学生对我的促进。

又记：查阅赵翼的《陔余丛考》，其中《弓足》一篇记载：南唐后令宫嫔娘以帛绕脚，做新月状，由是人皆效之。课余将查阅所得告知同学。①

2. 生活叙事

除了课堂教学，教师还处于社会生活中，所以教师的叙事除了教学叙事，还包括教师本人对课堂教学之外所发生的生活事件的叙述，涉及教师管理工作和班级管理工作，体现为德育叙事、管理叙事等，故统称为生活叙事。如教师可以将班级管理中发生的某些学生生活事件叙述出来，使之成为一份有教育意义的"班级管理叙事"（或称之为"班级管理个案"）。如果教师针对某个教育事件做一些追踪研究，那么，这种"班级管理叙事"会显得更有价值。

---

① 丁钢. 我们如何做教育叙事［N］. 中国教育报，2004-10-21.

例2-6

黄静华老师的一则班级管理叙事

工作实践告诉我，我们要想学生所想，忧学生所忧，用我们的爱心创设宽松和谐的氛围，启迪学生的良知，为他们学会做人奠定道德基石。

有一次，我在北京开会，得知班上三个小男孩在逛超市时，顺手拿了三支他们喜欢的笔。尽管知道他们已知错、认错，但我还是急得寝食不安，因为这说明我平时对孩子的教育没有真正入耳入心，没有内化为他们的自觉要求和行动。回到上海，一下飞机，我顾不得回家吃晚饭，匆匆赶去超市买了三支新型的、精致的笔，分别送到了三个小男孩的家中。孩子们见了我开始都很不安，低着头准备挨批评。我知道，如果此时我狠狠地批评他们，反而容易使他们产生自暴自弃的心理，因为犯了错误的孩子更渴望得到成人的宽容和信任，这时要特别注意保护他们的自尊。我把笔递到了孩子们的手里，并告诉他们，以后需要什么，可以对爸爸、妈妈讲，也可以对老师讲，可千万千万不能再干这种糊涂事了。没有斥责，没有严厉的批评，三个孩子拿着老师给的笔，都流下了悔恨的泪水。老师的真诚唤醒了孩子们的良知。不久，其中两个孩子在路上捡到了一只装有现金和重要物品的塑料袋，他们几经周折，才找到了已搬迁至浦东的失主，一位年逾古稀的老人。老人家激动不已，特地来到学校，一定要给他们每人50元酬金，以示感谢。可孩子们婉言谢绝了，他们说："这是我们应该做的。"当我目送两个孩子搀扶着老人走出校门时，心中感慨万千，有谁会想到，这两个孩子前不久还犯了错误呢？

可见当学生犯错误本该受到责罚时，如果我们以"假如我是学生"的情感去体会孩子的内心世界，以童心去理解他们的"荒唐"，宽容他们的"过失"，有礼貌地对待他们，让他们时时体验到一种高于母爱、超越友情的师生情，这就可能成为学生改正错误的内在驱动力。对孩子来说，有时候宽容比惩罚更有力量。①

3. 自传叙事

自传叙事主要以自传的形式来表述生活事件及思考，从中可以了解教师的教育观念、教育行为。教师以这种说话的方式学会自我反思，并经由自我反思、自我评价而获得某种自我意识。

例 2-7

王栋生老师的自传叙事：不跪着教书

我大学毕业已经 32 岁，要抢回工作时间，此其一；其二，我看不起懦夫懒汉，这也是我能做成一些事的精神动力。我刚到附中就教了一个大循环，从初一到高三毕业，并担任班主任，底子打得比较扎实。多年来任文学社指导教师，我还开一门"小说欣赏"选修课，从 1984 年后连开了十几年。后来参加苏教版初中、高中语文教科书的编写；先后发表过一二十篇教学论文，编过一些自己比较满意的教育教学用书，其中最费心思的是由广西教育出版社的《新语文读本》。1988 年起，以"吴非"的笔名写过一些杂文和评论，作品被收入多种选集。专著《中国人的人生观》和《中国人的用人术》1997 年由上海古籍出版社出版，次年出了台湾版，后来被译成韩文在汉城出版；教育随笔《不跪着教书》由华东师范大学出版社出版，有过一些影响。

教学是愉快的，因为教师自身也在提高。作为老教师，我从没有过春蚕丝尽、蜡炬成灰那种凄楚，我在许多方面都有所进展。要求学生做到的，我自己能先做到。也许我在许多方面仍旧像个学生，比如，有时晚上发现自己白天上课犯了错误，恨不得

---

① 作者根据黄静华老师报告《用心去爱每一个学生》整理。

立刻到班上去，把自己的发现告诉学生。

6年前，我参加编写《新语文读本》，之后主编《新语文写作》（高中卷），前后近三年时间，这些书产生了较大的影响。当时一批志同道合的学者和教师在一起工作，研究语文教学问题，我吸收了一些新观念，对语文教学有了新的思考。这项工作进行到中期，洪宗礼先生邀我参加苏教版初中语文教科书的编写，又因为他多年从事中外母语教学研究，这就又为我拓开了新的视野。比较艰苦的是参加苏教版高中语文教科书的编写，劳累三年，也算进修了三年。我在工作中认识了许多一线教师，他们的实践给了我许多有益的启示。

说不清是什么原因，我喜欢写作。如同阅读是一种生活方式一样，只要不功利，写作也完全可以成为一种生活方式。我坚持认为语文教师应当有很强的写作能力。那种动辄以"我忙"为借口不愿写作的教师，其实大多数是不会写。

我曾在文章中谈到"语文教师应当是思想者"，有人质疑是不是拔高了，"思想者"三字不是一般人能担当的。但是我坚持这个观点。知识分子要有自己的立场，要独立思考，否则就不是真正意义上的知识分子。这个认识我在"文革"中就有，到了痛定思痛时期，变得更强烈。当然，因为思想，痛苦会多一些；而如果没有思想，人生也就毫无价值。[①]

（五）关于教育叙事研究的几点说明

1. 教育叙事必须基于真实的教育情境

对真实的教育教学实践可以做某种技术性调整或修补，但不能虚构。每个"教育叙事"必须蕴含一个或几个教育事件，即教育过程中出现了某个有意义的"教育问题"或发生了某种意外的

---

① 王栋生. 做一个合格的语文教师 [J]. 语文教学通讯（高中版），2006（1）.

"教育冲突"。由于它是对具体的教育事件的叙述，它的叙述必须相应地显示出一定的情节性和可读性。它既不同于教育活动开始之前的"设计方案"（如"教案"），也不同于教育活动结束之后的"教育实录"（如"课堂教学实录"）。

2. 每个教育叙事所叙述的事件都必须具有典型性

教师每天都要面对和解决大量的教育教学问题，但并非每个问题都有叙事的价值，事实上，教师也不可能对每件事都做记录。只有那些体现了一定教育理念、触及某些教育原则和规律的典型的教育事件，才更有记录和反思的价值。不仅对研究者本人，而且对于其他教师有启发作用，这种教育事件才值得做教育叙事研究。

3. 一份完整的教育叙事必须有一个鲜明的主题

这个"主题"常常是一个教育教学理论中已经被提交出来讨论的问题，但它与理论研究中的"主题"的不同之处在于：教育叙事的"主题"是从某个或几个教育事件中产生，是从"实事"中"求是"，而不是将某个理论问题作为一个"帽子"，然后选择几个教学案例作为例证。

4. 教育叙事的写作方式以"叙述"为主

这种"叙述"是中小学教师在反思教育教学事件的基础上以第一人称的语气撰写的。在叙述"教育事件"时，尽可能地"描写"教师自己在事件发生时的"心理"状态。这使得事件的叙述常常用"我想……"、"我当时想……"、"事后想起来……"、"我估计……"、"我猜想……"、"以后如果遇到类似的事件，我会……"等句子。此类心理描写实际上是将教师的个人教育理论、个人教育信仰"附着"、"涂抹"在某个具体的教育事件上。它促使教师在"反思"某个具体的教育事件时显露或转换自己的个人教育理论以及个人教育信仰。

5. 教育叙事报告的基本要素

叙事研究文本的基本要素应包括：第一，有鲜明的主题或引人入胜的问题；第二，有解决问题的技巧和方法；第三，有解决问题的情境性、冲突性、过程性、复杂性以及师生角色变化等的描述；第四，有解决问题过程中及过程后的反思；第五，有理性反思中所获得的经验或教训，所蕴含的教育理论和教育思想的升华或启发。即教育主题、教育情节、解决方法、教育反思、教育思想。

三、质的研究

质的研究又称质化研究、质性研究，是社会科学领域的一种研究范式，它与量化研究一起共同构成了社会科学研究方法的体系基础。

（一）质的研究的缘起

关于质的研究的起源，可以追溯到人类学的民族志研究。民族志研究就是对特定文化的人群进行详细、生动、情境化的描述，以探究特定文化中人们的生活方式、行为模式、价值观念等。[①] 最早将质的研究方法应用于社会研究的是以社会学家乔治·米德为代表的"芝加哥学派"，他们运用参与观察和深度访谈等方法对当时的社会现象进行了研究，其中也涉及一些与教育有关的课题。

到了 20 世纪中叶，随着生产力和科学技术的发展，特别是随着以生物工程、航天技术和电子计算机为标志的新技术革命的发展，人们越来越体验到科学技术强大的生命力。缘于对科学技术的崇拜，兴起于 20 世纪初的量化研究方法以其数量化、精确

---

① 泰金亮．国外社会科学两种研究范式的对峙与融合［J］．山西师大学报（社会科学版），2002（4）．

化、形式化和可操作性等特点而深受研究者的青睐，量化研究盛行，质的研究受到冷落。20世纪70年代，越来越泛滥的量化研究引起了西方部分研究者的反思，他们认为量化研究存在着无法解释具体情境性认识的局限。特别是那些组织现象和文化现象，如个人生活体验、情绪感受、心理反应、组织文化、价值等，而质的研究方法正好能够弥补量化研究的这些不足。他们重新审视社会科学研究中运用量化研究方法的局限性，重新认识质的研究之重要性，质的研究方法逐渐为越来越多的研究者所采用。

在我国，自20世纪90年代以来，以陈向明博士为代表的少数研究者，也开始运用质的研究方法进行社会科学（主要是教育科学）的研究，并在理论上和实践上都取得了一定的成果。她先后出版了《质的研究方法与社会科学研究》和《教师如何作质的研究》两部著作，为质的研究进入教师视野发挥了推动作用。但到目前为止，不论是质的研究的介绍性文献还是应用性文献，国内基本上以陈向明的研究为主，很多论文直接引用她的概念、方法等，这说明质的研究目前在国内还没有得到大面积推广，基础和应用尚很薄弱，与我国目前教育方法的发展趋势并不相称。但是，总的趋势显示，学者们对于质的研究方法已经越来越得到认同，并且越来越意识到质的研究在教育研究领域中的作用。

（二）质的研究的内涵与特点

1. 质的研究的内涵

质的研究是在定性研究方法的基础上经过改进和发展，和定性研究方法相近但又有所区别的一种研究方式。陈向明先生给质的研究做出的解释是：以研究者本人为研究工具，在自然情境下采用多种资料收集方法对社会现象进行整体性探究，使用归纳法分析资料和形成理论，通过与研究对象互动对其行为和意义建构获得解释性理解的一种活动。①

质的研究与量的研究不同。量的研究是一种对研究对象可以量化的部分进行测量和分析，从而检验研究者自己有关理论假设的研究方法。量的研究通过测量、计算和分析，以求达到对事物"本质"的把握。而"质性研究"则是通过研究者和被研究者之间的互动，对事物（研究对象）进行长期深入细致的体验，然后对事物的"质"有一个比较整体性的、解释性的理解。"质性研究"与"量的研究"各有优势和弱点，两者不是相互排斥的，而是互补的。

质的研究和定性研究也有所不同。目前，在我国学术界尚没有对"定性研究"的明确定义，通常把所有非定量的研究都归入到"定性研究"的范畴，如哲学思辨、个人见解、政策宣传和解释，甚至包括在定量研究中对问题的界定，以及之后对有关数据的理论分析。因此，"定性研究"是一个比较宽泛的概念。"定性研究"与"质的研究"有类似之处，如都强调对意义的理解和解释、都将研究者本身作为研究工具等，但又有很大不同。简单说来，"质的研究"更加强调研究的过程性、情境性和具体性，而"定性研究"比较倾向研究的结论性、抽象性和概括性。

2. 质的研究的特点

（1）研究情境的自然性。质的研究是在自然情境中进行的实地研究，不用控制变量。它可以通过在生活情境中对研究者进行参与观察或非参与观察，观看他们日常所做的事情、聆听他们所说的话，自然地直接接触研究对象的经验世界，从而深入到被研究对象的经验世界中去研究他们的所思所想，获得他们社会实际生活中的第一手资料；也可以在生活情境中对当事人进行深度访

---

① 陈向明．质的研究方法与社会科学研究［M］．北京：教育科学出版社，2002．

谈，从而聆听被研究者的内心世界。所以质的研究强调研究情境的自然性，认为将问题置于各种相关因素有机联系的真实情境中，更能认识和探索研究对象的本来面目。

（2）研究手法的描述性。质的研究是通过文字、图片等描述性的记录材料，通过对被研究对象在研究现场中言语、行为、情绪等方面的特点进行分析，从而解释社会中各种复杂现象内在的关联性。

质的研究强调研究者深入到微观的、深层的、特殊的社会现象中去进行细致与深刻的体验，并在此基础上对观察或访谈的结果进行详尽的记录。在研究的手法上，质的研究搜集到的现场记录、访谈记录、私人文件、备忘录、照片、图标、文献资料等材料往往是描述性的，质的研究从资料搜集过程中发展和归纳概念与理论。在表述研究的结果时也利用描述性的文字或图片。

（3）研究取向的价值性。质的研究认为，社会科学的任何研究都是以价值为基础的，因此研究者本人的生活背景、思想理念、价值观念和方法论等方面的特点和差异都不可避免地影响着研究的过程与结果。这种影响一方面表现在课题的选择、资料的收集与整理等研究环节之中；另一方面表现在研究者与被研究者的互动过程中。因此，质的研究承认价值涉入的存在，即一方面承认研究者在研究过程中始终以自己的主观视角去审视研究中的情景和情景中的人；另一方面，质的研究强调研究者要转换社会视角，要作为一名"学习者"或"局内人"去主动理解和学习当事人的知识经验和意义建构，研究者和被研究者是互为主体的互动关系。

（4）研究视野的整体性。质的研究认为，在社会科学中应用量化研究就是把具有整体联系的研究对象孤立抽取出来还原为几个变量，这种"科学—实证"取向的研究方法是把复杂的社会现象或过程分解为若干的因素或独立的几个部分，是把复杂问题简单化的体现。① 因此，质的研究强调以整体性的观点去看待社会现象，认为任何的研究对象都是一个整体的结构，这个整体是不可分割的，结构中任何一个成分的变化都会引起系统内部其他成分的变化。如在研究的过程中，当事人的个性倾向和特征表现在他心理活动的各个方面；而他的认识特点、交往风格、情感色彩和意志品质等又无不反映出其个性的影响。所以，整体性是研究对象的固有特性，他不是简单的"总和"，而是一种整合的结果。研究者要把研究对象看作一个整体，用系统的观点从不同角度、不同方面并运用不同的方法去探究、理解各种社会现象，深入到当事人的内心世界中去，了解人们赖以生存的社会、文化的完整性。

（5）思维方法的归纳性。质的研究中主要是发现什么，而不一定非要证实什么，也就是通过对观察、访谈所搜集到的资料进行分析和归纳。这种分析和归纳是持续的，通过在不断地搜集资料、不断地分析和归纳中发现其中的关联性。因此，质性研究的结果只适用于特定的情境和条件，不能推广到样本之外。

（三）质的研究的意义

这种研究方法的意义首先体现在它冲击了研究者关于科学研究的传统观念，冲击了深深烙在人们心灵深处的科学主义精神，冲击了人们根深蒂固的一元化思想。质的研究与量化研究一起构成了研究方法的多样性、思维方式的多元性、价值取向的丰富性。总之，质的研究与量的研究是可以优势互补的。

纵观质的研究的发展史，可发现质的研究的兴起是以西方量化研究的泛滥为背景的，而我国目前关于量化研究的应用还远未走向成熟，更未有泛滥之嫌，所以我们一方面仍然要注重量化研

---

① 李朝英．关于"质的研究"与"行动研究"［J］．山东教育，2001（11）．

究的应用和推广，另一方面又要关注质的研究的必要性和重要性，在研究中把这两种研究方法有机地结合在一起，多方法、多角度、多侧面地对社会现象进行研究。

（四）质的研究的实施程序

质的研究的一般思考过程是：问题是什么、概念的定义是什么、事实是什么、原因是什么、研究的结论是什么、对于本研究如何评价以及如何表述研究结果。这些思考过程外化为行动后，就表现为质的研究的实施过程。主要包括：研究设计、问题选择、资料收集、资料的整理分析、研究结果表达、研究结果的评估等基本步骤。

1. 研究设计

质的研究是一种有目的、有计划的研究活动，其过程主要包括：确定研究问题、了解研究的背景知识与研究现状、确定研究内容与研究方法、思考研究价值、确立研究工作的预期方法与步骤等，其中确定研究问题是关键。

（1）确定研究的现象与问题。确立问题时首先要选择问题，选择问题是从选择"研究现象"开始的，所谓研究现象是指研究者希望集中了解的人、事件、行为、过程、意义的总和，是研究者在研究中将要涉及的领域范围。[①] 如在教育的研究中，在选择问题时我们通常要思考：我要研究教育中的哪个领域？我要研究这个领域中的哪个问题？其次，当问题选择好以后，还要确定问题，也就是进一步思考我为什么要研究这个问题？我要研究的这个问题有没有意义等。一般说来，所确定的问题是不是有意义，可以从社会需要和个人需要这两个维度去评价。如在教育科研中，当我们初步选择好研究的问题后，我们可以继续思考这个问

① 陈向明．质的教育研究中研究问题的界定 ［J］．教育评论，1999（1）．

题是不是教育理论发展或教育改革中最迫切需要解决的问题，我对这个问题的研究是不是有强烈的研究欲望与热情等。

（2）了解研究的背景与现状。任何研究都是基于一定的研究背景进行的。研究者在确定研究问题以后，就要广泛查阅相关的文献资料，以了解学术界对此课题的相关研究和当前的社会文化背景。研究背景在某种程度上揭示了此问题存在的普遍性和研究的必要性，研究现状要了解此课题目前国内外他人研究的程度如何、存在哪些不足、通过本课题的研究能填补哪些研究的空白等。在质的研究中，还要了解研究者本人的文化背景和生活经历等。

（3）确立研究个案与研究方法。研究问题的确定只是明确了研究的大体内容与方向，在确定了问题和了解背景后，还要确立具体的研究个案与目标，构建研究内容的具体框架，思考研究的当事人是谁，对哪些事件进行研究，研究在什么场合进行等问题，并在此基础上确立用什么方法搜集资料和分析资料，用什么样的思维方式进行研究，以及如何评价研究的过程与结果等。

（4）思考研究价值。思考一个研究是否具有研究价值主要可从三个方面进行：一是理论价值，即研究成果能否加深或者拓宽本课题的理论认识，填补本课题在理论研究上的漏洞或空白；二是实践价值，即研究成果能否对相关的实践工作起指导作用；三是创新价值，即本研究与前人的研究相比，在研究方法、研究过程、研究结果等方面的创新所在。

（5）研究工作的预期方案与步骤。为了保证研究有组织、有计划地进行，研究者在开始研究活动前要对研究的时间与进程的安排、研究个案的落实、研究人员的分工和研究的预期成果等方面做出具体的预期方案。与量化研究相比，质的研究在预期方案的实施中有更大的灵活性与开放性，可随研究的推进而不断改进。

2. 进入现场

在质的研究中，研究者必须使自己置身于自然的研究情景当中，进入研究对象的日常生活世界，接近研究对象，使研究者与研究对象处于同等的位置。① 因此，研究者进入研究现场"体验生活"并与被研究对象发生作用是研究过程中的关键。陈向明博士认为，研究者进入研究现场的过程主要包括：（1）确定和接触；（2）选择进入现场的公开程度；（3）了解被研究者内部的权力结构；（4）选择合适的交流方式；（5）正确处理进入现场失败的情况。②

3. 资料收集

质的研究中收集资料的方法主要有三种：观察、访谈和个人文献的收集。

（1）观察。运用观察法收集资料时往往比较直接，可以重复，可以对同一现象进行多次观察，因而运用时较为方便。以观察者是否直接参与被观察者从事的活动来划分，观察又可以分为参与性观察、非参与性观察。参与性观察与非参与性观察各有利弊：参与性观察收集到的材料往往直接、具体，但由于研究者的参与有时容易影响被研究者的活动过程，从而影响材料的真实性；而非参与性观察不容易影响到被研究对象的活动，但收集到的材料又往往不够直接、具体。

（2）访谈。访谈可以分为三种类型：封闭型访谈、开放型访谈和半开放型访谈。在封闭型访谈中，研究者对访谈的走向和步骤起主导作用，按照自己事先设计好了的、具有固定结构的统一

① 朱志勇．教育研究者在质化研究中的"关系"——一种反思社会学的思考 [J]．教育理论与实践，2001（6）．

② 陈向明．"质的研究"中研究者如何进入研究现场 [J]．高等教育研究，1997（4）．

问卷进行访谈。与此相反，开放型访谈没有固定的访谈问题，研究者鼓励受访者用自己的语言表达自己的看法。

一般来说，质性研究方法在研究初期往往使用开放型访谈的形式，了解被访者关心的问题和思考问题的方式；然后，随着研究的深入，逐步转向半开放型访谈，重点就前面访谈中出现的重要问题以及尚存的疑问进行追问。

访谈前要做好相应的准备工作：对访谈人员进行训练，设计访谈提纲，与被访谈对象就访谈时间、访谈过程是否录音、录像等进行协商，让访谈对象了解研究的目的和他们贡献的重要性等。

在访谈中，要严格执行访谈计划；了解当事人的个性特点，善于创设良好的情感氛围；访谈中的提问尽量是开放型、具体型和清晰型的问题；访谈人员遵循必要的倾听原则，如不轻易打断访谈对象的谈话，能够容忍沉默等；访谈人员对访谈对象的谈话内容要有所回应；同时，注意做好访谈记录，记录访谈结果要及时、详尽，记录结果时不但要把当事人的语言内容记录下来，还要关注当事人的面部表情、语气和无意识的动作等，因为这些信息往往更能真实地反映出当事人的内心世界。

（3）个人文献的收集。个人文献的收集主要包括与研究问题有关的个人的书信、自传、讲稿、日记等个人的活动产品和个人的图片。通过对这些文献资料的分析与比较，能进一步了解当事人内心的思想和活动过程。

4. 分析与整理资料

质性研究资料的分析不同于量化研究资料的分析，当通过观察、访谈等方式收集到原始材料后，就需要对资料进行归档、分类、编码、归纳分析和整理。分析和整理时既可以采用相应的计算机软件，也可以用传统的方法。

整理材料的过程主要有：审核、分类和归档。审核时要注意材料的真实性；分类时可以按研究对象、事件、过程、情景等维度进行分类；归档时按类别进行编码。分析材料时不但要注意材料的差异性，更要关注其内在的关联性。

5. 研究结果的形成与评价

在分析研究材料的基础上形成研究结果是研究中的关键，质的研究更强调结果表述的原始性与深入性，真实地反映出研究的全过程和结论，形成最原始的研究理论。

评价质的研究结果，主要是从真实性、可靠性和解释性等方面进行。

6. 撰写研究报告

质的研究报告一般包括以下内容要点：前言、研究的背景与现状、研究过程与方法的描述、结论与解释、结束语。

（五）质的研究的局限性

任何研究方法都有其固有的局限性，这是由研究方法本身的特性决定的，质的研究也不例外。

质的研究方法本身所固有的特性，一方面决定了质的研究方法的优越性，如能在微观层面对社会现象进行深入细致的观察分析，保证了社会现象本身的整体性、意义性和动态性，发挥了研究者和被研究者的相互作用，体现了人文精神等；但另一方面，质的研究方法所固有的特性，也导致了它不可避免地具有一定的局限性，主要表现在以下几个方面：

1. 研究情景的自然性导致了研究结果容易带有片面性和偶然性

质的研究是在自然情景中进行的，缺乏对自然情景中复杂因素的严格控制，因而，质的研究过程不像量的研究那样严密、精确，缺乏精确的科学性，可控性相对较差、主观性较强，又由于其研究对象的随机性不够，导致研究结论往往不能全面地反映实际情况。

2. 研究手法的描述性和思维方法的归纳性往往导致质的研究缺乏严密的逻辑性

质的研究通过文字或图片去记录研究的材料和表述研究的结果，得出研究结果的思维方式是归纳推理。

我们进行归纳推理时，只能从有限的例子（尤其在质的研究中例子更是非常有限）里推出普遍的结论。归纳推理的一个显著特点是一种论证前提可以支持一个结论而不保证这个结论的正确性。因此，质的研究在研究过程、研究结果等方面往往不如量化研究那样逻辑严密。

3. 观察与访谈的研究手法导致了质的研究不适宜于大样本的研究

在质的研究过程中，由于研究者必须与被研究者直接接触，所以，需要花费较多的人力、物力和财力，在操作上往往只适合对小样本进行研究，很难做到对较大样本的研究。而由于小样本的代表性不足，因此，研究结果的统计分析意义不大，其推广性受到限制。

4. 研究取向的价值性导致了质的研究对研究者个人素质的过分依赖

质的研究对研究者个人的素质要求较高，受研究者个人文化因素的影响较大。

首先，在质的研究中，研究者向研究对象提什么问题、怎样提出问题就是一种技巧。如果研究者草率地把自己的问题（不经过任何转换的问题）交给受访者回答，往往使整个研究结果看起来与一般的新闻采访无异，从而令研究仍停留在常识性和思辨的层面。

其次，在质的研究中，以被访谈者为中心是有一定的限度的，这是由访谈材料的真实性所决定的。访谈材料的真实性一方面在于受访者愿不愿意说真话，另一方面在于受访者能不能说（也就是受被访谈者的动机、知识和能力的影响）。

再次，质的研究过程中需要研究者与被研究者的交流，要求研究者能够根据现场的情况及时调整研究计划，因此，对研究者的素质要求较高。①

思考题：

1. 行动研究的主要特性有哪些？如何理解行动研究是最适合中小学教师教育科研的范式？

2. 行动研究的主要步骤有哪些？

3. 如何看待叙事研究中的反思内容？结合自己的教学案例，描述一下如何实施教育叙事研究。

4. 教师为什么要做质的研究？质的研究与定性、定量研究主要有哪些不同？

5. 质的研究如何确定研究问题？如何选择研究方法？如何选择研究对象？研究如何展开？

① 胡中锋，黎雪琼. 质的研究之反思［J］. 广州大学学报（社会科学版），2003（11）.

第二章 适合于中小学教师的基本教育科研范式

第三章

中小学教师常用的基本教育研究方法

本章提示

　　进行教育科研，是教师专业化发展的要求，是教育创新的要求，也是提高教育质量、形成教师独特教育教学风格的要求。因此，中小学教育的改革与发展，必须建立在教育科学研究的基础上。而研究水平的高低主要取决于研究方法和科学方法论的水平。关于教育研究方法的描述定义是很多的，在此我们选取裴娣娜教授在《教育研究方法导论》中给出的定义，即教育研究方法是按照某种途径，有组织、有计划、系统地进行教育研究和构建教育理论的方式，是在以教育现象为对象，以科学方法为手段，遵循一定的研究程序，以获得教育科学规律性知识为目标的一整套系统研究过程。它同样是一个认识过程，其结果是解释或预测、发现或发展一定的教育原理、原则和理论。它既是一种知识的体系（思维方式），又是一种行为准则（行为方式）。①

　　本章将详细介绍几种中小学教师常用的基本教育科研方法，即问卷调查法、访谈调查法、教育观察法、个案研究法和教育文献法。

---

① 裴娣娜. 教育研究方法导论［M］. 合肥：安徽教育出版社，1995.

一、问卷调查法

教育调查研究是在教育研究中单独使用的最广泛的一种研究方法，而问卷调查则是调查过程中用得相当普遍的搜集数据和资料的方法。问卷调查法是研究者将所要研究的问题编制成问题表格或问卷，以邮寄方式、当面作答或追踪访问方式填答，从而了解被调查对象对某一现象或问题的看法和意见。其特点是节约时间和经费，简便易行；被调查对象可以不署名，某种情况下结论较客观真实；调查面广，样本大小不受限制，因此能搜集大样本信息；调查结果便于整理归类，进行量的统计。其局限在于若问卷设计不当，或被调查者不合作，就会影响结论的代表性；所搜集的资料往往是表面的，不能深入了解深层次的真实情况；若调查对象不作回答，难以知道不回答的原因，会影响问卷的效度。因此，问卷调查应辅以其他研究方法共同使用，研究效果会更好。

问卷调查的适用范围：偏重于意见、态度或看法的调查，并往往以个人或一群人为对象。

（一）问卷设计

1. 调查问卷结构

调查问卷的结构是指一份完整问卷的各个组成部分以及各部分之间的相互关系。一份完整的问卷主要应包含问卷说明、注释、问卷本文、结束语等几部分。

（1）问卷说明。也可叫做"引言"，一般置于问卷的封面或封二上，对此次调查的目的、意义、主要内容、调查组织者、选样原则、调查结果的使用者、保密措施等进行说明。要求语言通俗流畅、简洁明了、语气亲切，注意不要有任何能引起个体对调查目的或内容有所怀疑的内容，使调查对象能够清楚明白并愿意回答问题。

（2）注释。一般指对填写问卷的具体要求，有时也包括对条款及措辞的进一步诠释。如："请您选出一个您认为最佳的答案"、"请尽可能多地进行选择"等。对于复杂、困难的内容，可举个例子加以说明。

注释一般应包括以下四个内容：

①对选择答案所使用符号的规定；

②对计算机代码表格的解释；

③对回答者署名与否的说明；

④对返还问卷形式（面交、邮寄还是其他方式）、时间等的说明（此部分也可在结束语中说明）。

（3）问卷本文。一般包括对象的个人信息和问卷题两个方面。

①对象的个人信息。如姓名、年龄、单位、班级、学号、通讯地址等有关对象的自然情况。在调查中，还可视需要增减有关项目，如增设对象父母等家庭成员的情况、对象生活、学习环境条件等情况。

②问卷题。问卷题是问卷的主体，问卷题目设计的科学性、合理性、针对性如何，是调查成败的关键。在封闭性问卷中，问题后必须以不同形式附上供选择的答案；而在开放性问卷中，问题后不必提供任何形式的答案。

（4）结束语。问题的最后一部分是结束语。问题的结束语应包括两方面的内容：一是答谢词，即对被调查者的合作表示感谢；二是对问卷回收方式的说明，即填答者完成问卷后，用什么方法将问卷返回给调查者。另外，有些问卷在末尾还应署上问卷设计者的姓名和问卷设计、使用的时间等。

2. 问卷题的设计编制

（1）问卷题设计主要包括以下几种形式：

①是非题。问题的答案只有同意和不同意两种，回答者必须选择其中之一。

如：你认为幼儿园开英语课是否必要？

是（　　） 否（　　）

②选择题。问卷的答案相互之间不是矛盾关系，只是类别、程度、数量的不同，回答者可以从中选择一个或几个答案，这是当前问卷调查中最常用的形式。选择题一般有等级式、并列式两种形式。

等级式：各选答案是由具有等级意义的词汇或数字形式构成的问题。

如：你经常参加体育锻炼吗？

A. 经常；B. 有时；C. 从不。

等级式常见的问答量级有：

A. 极好；好；可以；一般；坏；不知道。B. 很满意；满意；一般；不满意；很不满意。C. 有规律性；偶然；极少；从不。D. 很喜欢；较喜欢；一般；不太喜欢；很不喜欢。E. 非常同意；同意；中立；不同意；很不同意。F. 很重要；重要；较重要；不重要；不知道。

并列式：备选答案是由等价的、各自独立的词汇构成的问题。

如：你认为每天背诵英语的最佳时间是什么时候？

A. 早晨；B. 早自习；C. 中午；D. 课间；E. 晚饭后；F. 其他。

③填空题。它是在问题中留有一定的空白，让调查对象填写完成的问题。

如：你最希望开设的选修课是_____。

④问答题。它是允许调查对象充分自由作答的开放式问题。

如：请谈一谈您对小学实施素质教育的看法。

⑤排序题。它是让调查对象根据一定的要求给答案排队的问题。

如：在你的品德形成中，按影响程度的大小，把下列因素依次排列：

父母；同学；教师；邻居；校长；英雄人物；其他。

⑥表格式问题。它是以列表的形式将同类问题集中在一起，回答方式相同，这种题型节约篇幅，方便填写。

如：下列现象在你的学校是否严重？（在适当格内打钩）

	很严重	比较严重	不太严重	不严重	不知道
迟到					
早退					
请假					
旷课					

（2）编制问卷应注意的问题

①明确调查的范围。选取调查研究的对象是非常重要的一个环节。选出的调查对象在总体代表性程度上的高低直接影响到调查结论的准确性和科学性。要选好调查对象，就必须系统地考虑调查的总体、样本数量、抽样方法等问题。就调查对象而言，应严格界定总体的范围和属性，对调查总体的界定应包括对象总体中个体的单位、对象的年龄范围、职业种类、地域分布等内容的界定。

②内容符合目的。问卷所设计的每一道问题均应有实在意义，针对调查目标有的放矢，而不是随意提问。所列项目应具有较好的覆盖面，且不交叉重叠。

③提问条款必须清晰明了，用语通俗，避免使用冷僻或专业性太强的术语。通常情况下，问卷设计者对要进一步研究的某个课题考虑得很多，也比较清楚。但对被调查者来说，可能对该问题很少考虑或根本不知道。所以，提问时尽可能使用通俗用语，简单易懂，便于被调查者理解。

④避免设计双向问题，问题的内容要单一。所谓双向问题，是指要求调查对象用一个答案来回答两个以上有联系的问题。

如：你喜欢数学和语文吗？

A. 是；B. 否；C. 都喜欢；D. 都不喜欢。

这是一个双向问题。答案中的"否"含义不清。若有人选了"否"，那么研究者除了知道应答者不同意你的说法以外，一无所获。

⑤避免使用假定性问题。假定性问题是指用虚拟语气构成的条款。如"假如……你是否会……"、"如果……你将会……"等。这种问题常用于意愿调查中。假定性问题的答案，无论是否都存在含义不清的问题，都不足以掌握调查对象经常的、稳定的心理和行为倾向，因而难以作为调查统计的依据。

⑥避免使用否定句。在调查中，调查对象往往把句中的否定词漏掉，结果把否定句看成肯定句，造成错答。有人曾做过一次试验，设计了这样一个问题。

如：品行不端者不可在学校中任教。

A. 是；B. 否；C. 不知道。

您是否认为教师并非不应该惩罚学生？

A. 是；B. 否；C. 不知道。

通过对比研究发现，许多选择了肯定回答的被调查者其本意是认为品行不端者可以在学校中任教，而不是同意条款的陈述，结果造成答案错乱。

⑦不直接问敏感性问题。

如：你认为"凡是没有感情的婚姻都应该离婚"对吗？

⑧问题不要带有倾向性。

如：你喜欢教师这一受人尊敬的职业吗？

⑨根据对象特点确定问卷的篇幅及答卷时间。提出此要求，

主要目的在于提高问卷调查的效率与效益。如对于年龄较小或文化水平较低的调查对象,问卷难度与题量都应小;而对于文化水平较高的对象,则应在难度和题量上适当加大。在答卷时间设计上也应有所区别,一般来说,对中小学生的问卷,答卷时间应控制在半小时以内;而对于教师的问卷,答卷时间可控制在一小时左右。

(3)调查问卷的编制程序

主要包括以下步骤:

①明确研究目的,根据研究目的和假设范围收集所需资料,并确定调查对象;

②列出问卷调查所需研究问题的纲要,确定所要搜集的信息和确定问卷类型;

③围绕主题草拟问题,列出标题和各部分具体项目;

④征求有关人员、专家的意见,修订项目;

⑤试测,从总体样本中抽取 30 – 50 人做试测样本,以检查问卷表述的方式、项目、内容能否被受试者所理解,并求出问卷的信度、效度;

⑥再次修订。根据测试结果,对项目内容、排列方式加以改进,然后打印出稿,准备正式实施问卷调查。

(二)实施问卷调查

调查实施阶段是调查研究的重要环节,调查研究能否取得成效,往往取决于这个阶段的工作情况。调查实施的过程,就是资料的搜集过程,即运用调查手段,接触调查对象,从中搜集第一手资料的过程。在调查实施过程中要及时核查资料,检查所搜集的资料是否齐全、准确,留意数据中的数字是否正确,做到及时补救、更正,尽可能避免人为的错误。

问卷回收后,在剔除废卷后,要统计有效问卷的回收率。为研究结论依据的问卷，回收率一般不应低于70%。若回收率仅为30%左右，资料只能做参考；回收率达50%-70%，可以采纳建议；如果有效问卷的回收率不足70%，需要再发一封信及一份问卷，同时为保证结论的可靠性，可以做小范围的跟踪调查，了解未回答问题的那部分被试者的基本看法，以防止问卷结果分析产生片面性。

另外，对回收问卷还要做回答偏斜（向）估计，所谓偏斜是指调查者未在答案中真实反映事情的客观情况。造成偏斜的主要原因有对事实的回答错误（如根据记忆回答而造成事实有误）、装假倾向（如当问题涉及社会敏感问题或个人隐私时，被调查者按社会认可的方式作出符合社会倾向的回答或对隐私不做真实回答）、默认倾向（如问题的选择项给被试一个预定框架，使其只能回答"是"或"否"）、道义理论与事实相悖、无回答问卷的比率等。

（三）整理、分析调查资料，撰写调查报告

调查者搜集的原始资料往往是零散杂乱的，需要调查者根据研究的需要及时地进行分类、汇总、概括、统计，这就是资料的整理。只有在对原始资料进行系统整理的基础上才能反映出事物存在或变化的特征，才能形成研究结论，才能完成调查报告的撰写。（关于如何做教育调查统计分析及如何撰写教育调查报告，详见第四章相关内容）

二、访谈调查法

访谈法也是教育调查法的一种。访谈通常是调查人员通过与研究对象或其他有关人员面对面地、有目的地交谈，由其中一个人（研究者）引导，搜集研究对象的语言资料，以此了解研究对象并对研究问题予以解释。

（一）访谈调查法的特点

1. 访谈调查法的优点

（1）灵活性强。与其他调查方法相比，访谈调查的最大优点是灵活性强。访谈员可以根据访谈过程中的具体情况灵活控制问题的选排、重复或解释。另外，访谈者可为不同访谈对象准备与之适合的一套问题，所以访谈调查较其他方法具有更强的适应性。

（2）能够使用比较复杂的访谈提纲。由于有访谈员作为访谈对象的指导者，尤其是那些受过良好训练并富有访谈经验的访谈调查员，他们可以利用一些问卷或访谈提纲了解一些比较复杂的问题。

（3）能够获得直接、可靠的信息和资料。访谈调查是调查者和被调查者直接的、面对面的交流，所以调查者能直接从研究对象口中获得最直接的、不通过任何形式转换的信息资料。同时，调查者可根据具体情况采取一定的方法来评估资料的真实程度。调查者还可通过进一步的访谈，或者调换访谈对象等方式来重新搜集资料。

（4）不受书面语言文字的限制。由于访谈调查是采用对话方式进行，调查者与被调查对象之间的互动生动流畅，所以调查不受书面语言的限制，减少了理解上的障碍。

（5）容易进行深入调查。访谈者可以根据需要就某个问题补充询问或追问，使之对资料的掌握更全面深入。同时，访谈还可以通过彼此的交流了解到被调查者的内心世界，获取有关研究对象的更有价值的、深层的心理特征方面的信息资料，有助于研究的深入。

2. 访谈法的缺点

（1）使用上具有较大局限性。在样本较大或者访谈对象居住较远的情况下，访谈需要的时间、人力、物力、经费较多，因此在应用上会受到一定的限制。

（2）访谈的样本较小。访谈的方式费时费力，因而不能进行大面积的调查，而只能调查一些典型事例或样本。

（3）无法控制调查者对调查对象的影响。如调查者的性别、外貌、着装、动作、语气、语调等对调查对象的影响。

（4）容易产生偏差。由于笔误和时间紧迫，调查者可能把事实错记或漏记，也可能出现带有主观意向的提问等使访谈出现偏差。

（5）结果的统计分析较为困难。因为访谈的措词和问题不容易标准化，而且情景的变化也较大，对访谈结果难以进行统计分析的结果。

近年来，电话访谈得到大面积使用，并作为面对面访谈的替代形式。这种访谈方式显然可以降低调查费用；而且因为不是面对面，有助于被调查者情绪放松，避免气氛尴尬或紧张影响资料的真实性。但也有可能因为不能及时从调查对象的反馈情绪中捕捉信息，影响对访谈内容的调整。

（二）访谈调查的类型

1. 结构性访谈调查和非结构性访谈调查

根据研究者对访谈过程进行控制与否，及访谈过程中是否使用经过严格设计的问卷或提纲，将访谈分为结构性访谈和非结构性访谈。

结构性访谈又称标准化访谈，是指访谈者按照统一的设计要求和事先规定的访谈内容依次向访谈对象提问，并要求受访者按规定的标准回答提问的正式访谈。结构性访谈的最大优点是：访谈所获得的资料标准化程度较高，便于统计分析，对于不同访谈对象的回答也易于进行比较分析。

非结构性访谈是指只按一个粗线条式的访谈提纲进行的非正式访谈。非结构性访谈有利于访谈者和被访谈者充分发挥主动性、创造性，调动双方积极性；根据具体情况来把握访谈过程，有利于拓宽和加深对问题的考察，能灵活地处理在访谈设计中没有考虑到的事件和问题。

2. 一次性访谈调查和重复性访谈调查

根据访谈时间或次数可分为一次性访谈调查和重复性访谈调查。

一次性访谈调查也称横向型访谈调查，它是指对人们某一生活时刻或某段时间内的思想、态度及行为等方面情况进行的一次性完成的调查工作，其最大的特点是一次性完成。

重复性访谈也称跟踪访谈调查或纵向型访谈调查，主要用于因时间的推移、环境的变化导致的人们在思想、态度和行为等方面发生变化的调查研究。重复性访谈是一种深度访谈调查，具有较强的科学研究性质，所获得的结果更加深入和具有动态性，多适用于小范围的调查研究。

3. 个别访谈调查和集体访谈调查

根据一次访谈对象的多少，可将访谈分为个别访谈调查和集体访谈调查。

个别访谈调查是指由访谈者对被调查对象逐个进行的单独访谈。个别访谈有利于访谈者和访谈对象之间的沟通，方式灵活，适应性强，且能对资料保密，但访谈效率低，获取的资料有限。

集体访谈调查是指访谈者对某一人群或团体中的成员同时进行访谈，访谈效率比较高，但访谈过程的针对性和深入性容易受到削弱。

（三）访谈题目的拟定

访谈并非漫无目的地闲聊，而是要通过谈话交流获取研究者需要掌握的一手资料。因此，访谈题目的拟定很重要。

1. 访谈题目的类型

访谈题目可以分为三类：

（1）描述的问题。这类问题是请被调查者描述一般的情况，常用在所有的访谈过程中。如问被调查者"如果家长向你抱怨孩子在学校没学到什么，你会怎样说"、"请你谈谈你们学校学生流失的情况"、"你如何评价现在学校的教学生活"等。描述的问题常在研究初期用来辨认被调查人的生活方面，列举出他们生活中重要的事件、经验、地方和人物，有助于确定研究范围和方向。

（2）有结构的问题。这类问题是要发现被调查者的文化知识领域，了解被调查者如何总结他们的经验。如问"通常在课堂教学中你会采用什么方法调动学生的听课热情"、"你所在的学校经常组织哪些课外活动"等。

（3）对照问题。这类问题是用来发现被调查人在生活中如何区分物体或事件的意义。如"你认为 A 同学和 B 同学在学习方法上有什么不同"等。

2. 拟定访谈题目应注意的问题

（1）问题要紧紧围绕研究的目标。访谈题目应围绕访谈目标设计进行，不能漫无边际地随意交谈。

（2）问题的语言要通俗易懂。访谈所提问题要简单易懂，便于理解和回答。尽量避免使用生涩难懂的专业术语或模棱两可、容易引起歧义的语言。访谈问题要适合被访者的文化知识水平和语言习惯。

（3）提问的措辞不能带有倾向性。被调查者的回答在某种程度上受到问题措辞所表现出的倾向性（也叫诱发性）的影响。因此，访谈题目不能带有倾向性，应该保持中立的态度，避免提问方式对回答者形成诱导。如"据一些专家学者的调查结果显示，中小学布局调整有助于合理配置教育资源，你的看法如何"，这个问题中引用了权威的观点，因而使问题带有倾向性，影响被访谈者充分表达自己的观点。

（4）要准备不同层次的问题。尽管访谈的目的只有一个，访谈的内容也大体一致，但由于访谈对象不同，因此要准备不同层次的问题。如要访谈当前农村初中学生流失的真实情况，访谈的对象可以是学校的校长、教师，也可以是流失生本人，还可以是流失生的家长和在校的同学等，那么问题要从不同角度设计，有所区别。

（四）访谈过程中应注意的问题

1. 尽可能了解访问对象

访谈者对于被访者的经历、个性、地位、职业、专长、兴趣和个性特征等应尽量做到充分了解。要分析对方能否提供有价值的实施材料，是否乐于回答所提出的问题。

2. 选择恰当的访谈时间和地点

在时间选择上以不影响被访者的工作、学习、休息为宜。访谈的地点最好是被访者熟悉的环境，有利于其精神放松。

3. 要想方设法赢得被访者的信任和配合

访谈前应征得被访者的同意；访谈者可请专家或有声誉地位的人或上级领导机关出函介绍；谈话前说明访问的目的，使对方感到问题的重要并解除不必要的紧张感；研究者还要注意自己的行为举止，其中关键是以诚相待，热情、谦虚、有礼貌。有时访谈的失败正是在于沟通不利。

4. 要善于洞察被访问者的心理变化，随机应变

在访谈过程中，访谈者要做好访谈过程中的心理疏导。为防止被访者出现防备效应，可先用非正式谈话的方式沟通感情，要善于创造一个畅所欲言的气氛。讨论中若发生争执，如果争执有利于课题的深入，支持争执下去；若争执与结论无关，要及时引

导到问题中心上来。访谈者一般不参加争论，以免堵塞被调查人员的思路。访谈者应以谦虚平等的态度、诙谐亲切的语言，争取访谈对象的合作。

5. 要掌握提问技术

访谈所提问题，要简单明白，易于回答；提问的方式、用词的选择、问题的范围要适合被访者的知识水平和习惯；提问通常有三种方法：直接法、间接法、迂回法。要善于观察被访者的心理变化随机应变，巧妙使用提问技巧。

6. 及时记录、整理分析访谈结果

谈话内容要及时记录，访谈结束后对访谈记录及时分析整理，避免重要信息的遗漏。

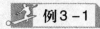 **例 3 - 1**

就本校学生流失情况对教师的集体访谈

1. 访谈重点内容

对农村初中教育教学的看法；对小学、初中、高中学段衔接的看法；差生的诊断辅助、评价；学生流失的成因以及解决方式；农村初中教师的忧虑与希望。

2. 访谈提纲

（1）你从教几年了？一直在初中任教吗？怎样评价现在的学校教学生活？

（2）你教什么学科？学生是否爱学？为使学生爱学这门学科，你做了哪些工作？

（3）下班时间喜欢做什么？平常有进修的时间、机会、资料吗？是否参加过或正在参加继续教育培训？有什么困难？

（4）你如何看待考试？通常多长时间考一次？测试结果怎么处理？布置作业量有多大，是否每天都留作业？每个学生都同样要做吗？

（5）近年来小学生升入初一后有什么特点？反映出小学教育的什么问题？你认为如何解决最好？

（6）你当班主任吗？目前班级工作的难点在哪里？差生工作难在哪里？差生在班级占多大比例？差生学习成绩差，其他方面表现怎样？差生在课堂上、在生活中有无突出特征？

（7）什么样的学生易流失？什么情况下易导致学生流失？流失生离校之前有先兆吗？应该如何把握？

（8）防止学生流失，教师工作起作用吗？有哪些好的办法？在你眼中流失生和其他学生的差别在哪里？他们离校前和老师打招呼吗？现在是否和你还有联系？他们离校后是一种什么状态？

（9）如果他们重返校园，你怎么想？接触过多少流失生家长？他们对自己孩子辍学又怎么看？

（10）依你看，学生流失的原因在校内还是在校外？

（11）对于流失生，我们老师如何处理才算尽到责任？

（12）你怎样评价流失生？如何看待他们的前途？

（13）你认为学校对学生流失有无责任？是教育教学还是管理方面的责任？

三、教育观察法

科学始于观察，观察法是科学研究的一种基本方法，也是教育研究中重要的收集资料的方法。"观"是看，"察"是分析研究。观察，是指人们对周围存在事物的现象和过程的认识。观察法是研究者通过感官或借助于一定的科学仪器，对处于自然状态下的教育现象进行有目的、有计划的系统考察，以获得经验或事实的一种研究方法。

（一）教育观察法的特点

观察可以分为日常观察和科学观察两大类。日常观察是通过观察者的亲身感受或体验来获得有关对象的感性认识，带有一定的主观性、自发性和偶然性。科学观察则是研究者按照既定计划，对于观察对象的范围、条件和方法进行明确选择，有目的地直接观察处于自然条件下的研究对象的言语、行为等外部表现，搜集事实材料并加以分析研究，从而获得对问题较深入的认识。教育观察属于科学观察。日常观察是科学观察的基础和初级形式，人们在日常观察中获得大量信息，可以为科学观察提供灵感。如在教师对学生的了解中，大量信息来自对学生的日常观察。教师要改进工作、发现问题、理解儿童，往往需要通过日常观察来获得信息。许多正式研究中的问题和假设，往往也是建立在研究者在日常观察中获得的经验和启示的基础上的。因此，在不具备条件开展正式的观察研究时，也可以通过有意识地改进日常观察的方法来考察某些现象或问题。科学观察是日常观察的高级形式，是有计划的科学研究活动。相比于其他教育研究方法，它有如下优点：

1. 易于操作，适合中小学教师使用

教育观察随时随地，不需要有特殊的环境，不过分依赖科学仪器，花费少，适用范围广，方便易行，非常适合中小学教师使用。

2. 能直接真实地获得第一手资料

教育观察是在自然状态下进行的，对观察对象不加人为干涉，即不改变观察对象的自然条件和发展过程，使研究者能够考察研究对象在日常生活、学习活动中的一般的、典型的行为表现，从而使收集的材料客观真实。

但是，观察法也有如下的局限性：

1. 难以深入了解观察对象的本质

主要表现为：人的感官使观察范围受到局限。感官是有一定

阈值的，超过一定的限度，就听不到、看不到、感觉不到。人的感官也使观察的精度受到局限，人们常常只能凭感官对观察对象做出大概的估计。人的感官还使观察的速度受到局限。对于处在不断运动变化中的事物的现象或过程，人们也常常观察不到。这样观察常常就只局限于了解表面的现象，不能直接深入到事物的本质，难以分辨是偶然的事实还是有规律性的事实，这是观察法最主要的局限。

2. 观察结果受观察仪器局限

随着科学的发展，人们在凭借感官直接观察的同时，也借助于先进的科学仪器进行观察，这就大大地提高了观察的广度、深度和精度，然而，观察仪器的认识功能也有其局限性。主要表现为：缺乏直观性，间接观察还不能完全取代直接观察，仪器设计的错误或不精确，制作和操作仪器的误差，观察仪器容易产生对观察对象的干扰等都会导致观察结果的错误。

3. 观察水平受观察者主观影响较大

观察者对所获材料的解释往往容易受观察水平的局限而带上主观色彩。为此，在运用观察法调查时，除了尽力提高观察法的功能，如灵活移动观察位置、转换观察背景、延长观察时间以及增加观察次数等，以改善观察结果，另外还要结合统计方法，对多次观察数据进行科学处理。

（二）教育观察的基本类型

1. 自然情境观察与实验室观察

根据对观察的环境条件是否进行控制和改变，可以将观察研究分为自然情境观察和实验室观察。自然情境观察包括自然行为的偶然现象观察和系统的现象观察，能搜集到客观真实的材料，但观察结果往往是观察对象的外部行为表现。实验室观察是研究者根据研究的目的，在对观察对象发生的环境和条件加以控制或改变的条件下进行的观察。这种观察有严密的计划，有利于探讨事物内在的因果联系。

2. 直接观察与间接观察

根据观察时是否借助仪器设备，可以把观察分为直接观察和间接观察。直接观察是凭借人的感官，在现场直接对观察对象进行的感知和描述，因此直观具体。间接观察是利用一定的仪器或其他技术手段作为中介对观察对象进行观察，这类观察突破了直接观察受到人的主观能力的局限，扩展了观察的深度和广度。

3. 参与性观察与非参与性观察

根据观察者是否直接参与被观察者所从事的活动，可以将观察分为参与性观察和非参与性观察。参与性观察是研究者直接参加到所观察的群体和活动中去，不暴露研究者真正身份，在参与活动中进行隐蔽性的观察研究。它的优点在于不破坏和影响研究对象的原有结构和内部关系，因而能够获得有关深层结构和关系的材料。如直接参加学校、班级的活动，与教师一起探讨有关问题，随时向教师询问自己想要了解的问题等。这样，观察者既是研究者又是参与者。但由于研究者主观因素的影响，处理不当易影响观察的客观性。非参与性观察不要求研究人员站到与被观察对象同一地位，而是以"旁观者"身份，可采取公开的，也可以采取秘密的方式进行。每当某一种行为发生时，观察者就要及时进行观察记录。非参与性观察结论可能比较客观，但易限于表面化，难以获得深层次的材料。

4. 结构式观察与非结构式观察

按观察实施的方法，即根据是否对观察活动进行严格的控制，可将观察分为结构式观察与非结构式观察。

（1）结构式观察。结构式观察是有明确的目标、问题和范围，有详细的观察计划、步骤和合理设计的可控制性观察，能获得真实的材料，并能对观察资料进行定量分析和对比研究，常用于对研究对象有较充分了解的情况下的观察。结构式观察更多地用于验证性、计量和评价性研究。其形式主要有时间取样法、事件取样法、等级量表观察等。

①时间取样法。在同一确定的时间内（如持续一周），按一定时段观察预先确定好的行为，或按预先确定好的行为分类系统将行为归类。如：每周二、四上午的第二、三节课对五年级五班每个学生的注意力分散情况进行观察，持续 8 周。时间取样法要求事先做好大量的准备工作：确定操作定义、决定时间间隔、规定记录系统等。其局限性之一在于仅适用于经常发生的行为，如儿童的依赖行为、师生交往活动、儿童的注意力等。一般来说，不适用 15 分钟内不易出现的行为不适用，如同情心、成功与失败等；其二在于仅适用于观察外显行为，不宜观察内隐或隐蔽性行为。如对象的心理活动或个人隐私行为；其三在于所得材料只能说明行为的某种特性（频率），难以得到关于环境、背景的资料，难以考察行为的相互关系和连续性，故很难揭示因果关系。

②事件取样法。即专门观察和记录预先确定的行为表现或事件的完整过程的观察方法。只要预定的行为或事件一出现，就必须马上记录并可随事件的发展持续记录其全过程。不仅记录行为或事件本身，而且要把行为发生或事件出现的前因后果及环境背景情况也记录下来。如观察学生争吵、相互交往、依赖教师、友好行为等情况。

例3－2

事件取样法的具体做法和要求

观察儿童每天自由游戏时间发生争执的情况，事先拟好记录表格，观察 4 个月。

（1）观察前确定所要观察的行为或事件，确定记录哪些事件的发生、发展过程，确定记录事项和记录形式，制订出记录表格。

（2）只要预定行为或事件一发生，就立即记录事件全程。

如："海伦·大卫——儿童争执事件观察"

研究者事先制订好观察记录表，具体内容主要包括：

①争执事件发生的背景；

②争执持续的时间；

③争执双方儿童行为的性质；

④争执双方儿童说了什么，做了什么；

⑤争执事件的结果如何；

⑥争执事件的影响怎样。

学生争执事件记录表

学生	年龄	性别	发生背景	争执持续时间	行为性质	说什么做什么	结果	影响

观察对象为 26 个月－60 个月龄的幼儿，其中女孩 19 人，男孩 21 人。观察 58 小时，共记录 200 例争执事件，平均每小时

3.4 次。观察中发现，男孩的争执事件多于女孩，年龄相差大的孩子之间的争执多于年龄相仿者。随着年龄的增长，争执事件减少，但侵犯性质增强。导致争执发生的原因，往往在于对占有物品的不同意见上。大多数争执自行平息，恢复较快，无表现愤恨的征候。①

事件取样观察与时间取样观察二者观察记录的都是行为表现或事件，但是二者是有明显区别的。前者测量单位是行为事件本身，后者测量单位是行为或事件所发生的时间间隔；前者注重行为事件的特点、性质，后者注重行为事件的存在。

事件取样观察与轶事记录相似之处是二者都注重记事。不同的是，事件取样观察是实施正式观察活动时采用的，它只记录预先确定的行为表现或事件过程。而轶事记录法是日常观察时采用的，事先并不确定哪些要记，哪些不要记。只要观察者认为有意义，哪怕与观察目的无关的也可以记录下来，供今后或别人研究之用。这种观察的目的是积累资料，或从观察中发现问题。

事件取样法的长处在于既可以在有准备的情况下获得预先确定的、有代表性的可行研究样本，又可以保留行为的连续性和完整性，得到关于事件的环境与背景资料，而且收集资料的时间比较经济。不足在于需要被动等待特定事件发生，而对导致事件发生的条件和环境等信息不能充分了解。

③等级量表观察。事先将观察项目列出清单，按照设计好的清单量表实施观察研究，并按照实际情况给予等级评价的方法。等级量表观察一般要经过根据研究目的确定观察内容，将观察内容细化为观察项目，将观察项目列成表格，进行实地观察和评量等级，整理和分析观察结果等几个步骤。

---

① 陶保平．学前教育科研方法［M］．上海：华东师范大学出版社，1999．

例 3-3

新课程有效教学观摩课课堂教学观察表（学生活动等级量表）①

执教者资料	姓名		单位		课题		
观察者资料	姓名		单位				
观察中心	新课程背景下学生学习方式的转变——自主学习、探究学习、合作学习						

	学生表现	评分	备注
观察记录	1. 课前有无准备，准备得怎么样		
	2. 学习兴趣是否浓厚，情绪是否高昂		
	3. 是否倾听老师的讲课，有辅助行为（记笔记/查阅/回应）吗		
	4. 是否倾听同学的发言，有辅助行为（记笔记/查阅/回应）吗		
	5. 参与提问/回答的人数、时间、对象、过程、质量如何		
	6. 参与小组讨论的人数、时间、对象、过程、质量如何		
	7. 学生自主学习的质量如何，自主学习形式（探究/记笔记/阅读/思考）有哪些		
	8. 学习中，能否对师生提出的观点大胆质疑，提出不同意见		
	9. 学习中，能否应用已经掌握的知识与技能，解决新问题		
	10. 预设的目标达成如何，有什么证据（观点/作业/表情/板演/演示）		
评价			

注：评分为 5 分制，优：5 分，良：4 分，好：3 分，一般：2 分，尚可：1 分

<hr>

① http：//ahpx. cersp. com/article/browse/906. jspx.

等级量表观察的优点是观察目标明确、省时、易行；缺点是不能保留原始实况，包括情景和背景资料等。

（2）非结构式观察。这是一种开放式的观察活动，允许观察者根据当时的情境调整自己的观察视角和内容。观察者可以事先设计一个观察提纲，但这个提纲的形式比较开放，内容也比较灵活，可以根据当时的情形进行修改。非结构式观察更多地用于提出问题、发现问题的研究，更多地用于感性经验的现象原貌的研究，因此，它可作为研究的一种辅助手段。非结构式观察包括观察日记描述法、实况详录法、轶事记录法等。

①日记描述法。又称传记法，即对同一个或同一组观察对象长期跟踪并进行反复观察，以日记的形式描述性地记录观察对象的行为表现。日记描述法是对观察对象研究的很古老的方法。

例 3－4

最早使用这种方法的是瑞士教育家裴斯泰洛齐，他用此法跟踪观察其子 3 年，于 1774 年出版了《一个父亲的日记》。之后，达尔文写了《一个婴儿的传略》，描述其子的行为与发展。德国心理学家普莱尔对自己孩子从出生至 3 岁发展做了系统全面的观察记录，经整理写成儿童心理学的名著《儿童心理》。现代心理学家皮亚杰写出《儿童心理学》一书。我国著名幼儿教育专家陈鹤琴用日记方式记录了儿子陈一鸣自出生起的发展，观察了 808 天，于 1925 年发表了《儿童心理之研究》一书，而且在他的《家庭教育》里所提出的"101 条家庭教育原则"中，有 73 条原则就是从教育儿子陈一鸣的过程中总结提炼出来的。

日记描述法比较适用于长期跟踪研究、个案研究与生态学研究。有利于研究观察对象发展的阶段性和连续性，记录的材料真实可靠，方法简便易行。

日记描述法往往用于对个别（或少数）对象的日常观察，所以只能说明少数研究对象的特点与情况，缺乏代表性，难以作出有意义的概括；运用日记描述法还需耗费大量的时间与精力，要求观察记录者长期进行，持之以恒，对研究者的毅力提出了较高要求。

②实况详录法：即在一段时间（如一小时或半天）内持续地、尽可能详尽地记录被观察对象所有的行为、动作、表现的一种观察方法。如中国科学院心理研究所茅于燕在研究独生与非独生子女入园适应时将观察与问卷相结合，从孩子入园第一天起连续观察一个月，记录每天儿童从入园到离园的情况，如入园的情绪、与老师和同伴的关系、午睡情况等；两次问卷调查，入园初和一个月后，家长填写，比较入园适应行为的变化。

使用实况详录法，观察者的目的是无选择地记录行为系列中的全部细节。获得对这些行为的详细、客观的描述，不加以主观推断、解释和评价，犹如描绘一幅反映现实情况的全景系列图。由于对详细记录的要求较高，一般操作较为困难。现代观察技术尤其是录像技术的应用，使这一方法趋于完善，可将现场实况全部实录下来，以后再作处理。如不具备条件，应使用速记法。用手记时，观察者因注意力高度集中，极易疲惫，故记录时间一般限于半小时之内。如需记录较长的内容，则应该由几个观察者轮流记录。记录时如实客观记录，不加自己的主观意见与评价。

实录下来的资料既可做以后进行反复定性或定量分析的依据，也可以用来分析观察全过程中的其他各种角度的问题。所有儿童之间的对话情景或所有老师与儿童之间的对话情景等。研究者可根据需要，研究与这些问题或情景相关的任何具体行为（如提问行为）。因此，同一实录资料有多种用途，经济而有效。

实况详录法的优点是能提供详尽丰富的有关研究对象行为及其发生环境、背景等资料，并可长久保留，可用于多种目的下的各种分析，经济而有效地利用时间和精力。它的缺点是对记录技术要求高，用手记很困难；需花费较多的时间与人力记录和处理资料；需大量实录资料才能获得有关某些行为有代表性的样本。

③轶事记录法：又称记事法，是以记事为主，从事件或行为刚刚发生到结束，全过程都要完整地按顺序记录下来的一种观察方法。轶事记录法是教师常用的一种方法。

轶事记录法不仅便于观察与记录研究对象显著的行为或言语反映，还可记录观察者认为有价值、有意义的任何可表现研究对象个性或某方面发展的行为情景，因此，所观察记录的可以是典型行为或异常行为。

轶事记录法所获得的资料真实可靠而且典型，有长期保留和反复研究利用的价值。但由于它往往不是现场做记录，而是事后通过回忆做记录，因此记录的内容可能不够准确。

（三）教育观察法的实施步骤

教育观察法的实施步骤可以分为观察准备工作、实施观察、观察资料的整理与分析等三个阶段。

1. 观察准备工作

做好观察前的准备工作，是进行科学观察的基础。准备工作的好坏是观察成败的关键之一。准备工作包括以下几项内容：

（1）明确观察目的，收集观察对象资料。观察目的是根据科研任务和观察对象的特点而确定的。为了明确观察目的，应作大略的调查和试探性观察。目的不在于系统收集科研材料，而是掌握一些基本情况，了解观察对象的特点，以便确定通过观察需要获得什么材料、弄清楚什么问题，然后确定观察范围，选定观察重点，具体设计观察的步骤。

进行中小学班主任政策可行性研究需要确定对班主任工作量现状的观察。事先便应对班主任有关情况进行大略的调查，通过谈话、查阅有关资料，以及进行试探性观察，对观察对象的特点、观察过程中可能碰到的问题等有所了解，这样便可以科学地确定观察的范围：有高年级段和低年级段的；有文科、理科、艺术科的；有不同责任心的；有不同工作能力和风格的；有不同年龄、教龄、职称和不同性别等，有重点地进行，还可以划定观察的具体内容和过程，根据观察量，做好观察者的组织分工。

（2）制订观察计划。确定了观察目的，又收集了有关观察对象的材料，并进行试探性的观察后，就应深思熟虑地制订出观察计划，使观察有计划、有步骤、全面系统地进行。观察计划一般应包括如下内容：

教育观察计划的参考格式

教育观察计划

一、研究课题

二、观察目的与任务

三、观察重点和范围（一般重点不能多，范围不能太广）

四、观察内容（列出需要通过观察获得材料的要目）

五、观察地点（在什么地方实施观察）

六、观察方法与手段（观察方法、仪器设备；如何保持观察对象和情景的常态）

七、观察过程（包括选择观察的途径和步骤、观察的时间、观察的次数和位置、观察的密度等）

八、观察的其他注意事项（观察的记录表格，速记符号，规定有关的统一的参照标准；观察仪器；观察人员的组织分工；观察的应变措施等）

观察者

年　月　日

（3）做好观察的物质准备。如果观察要借助仪器，就必须事先对仪器进行检查、安装，以及使用的安排。此外，还要印制观察记录表格，以便迅速、准确和有条理地记录所需要的材料，也便于日后的核对、比较、整理和应用。

2. 实施观察

教育观察活动不仅要在自然状态下进行，而且要以不影响正常教育教学为原则。因此，在正常的教育教学活动中应同时注意运用教育观察。教育观察的基本途径有：

（1）上课。亲自为学生上课，是观察学生最普遍、最经常、最方便、最理想的观察途径。教师与学生面对面地交流，面对面地观察，获取信息之准确、丰富是其他途径不可以比的。很多教师已深有体会和备受其益。

（2）听课。听课的目的是观察课堂教学中教师教的情况与学生学的情况，可以直接了解教师课堂教学的表现、教师的教学思想和技能，还可以了解学生的学习活动和心理特征。此外，通过听课也可以在一定程度上间接了解教师的备课情况。这是教学研究人员或管理人员研究课堂教学改革、评价课堂教学优劣经常采用的途径。

（3）参加有关活动（参与观察）。这是最丰富、最广阔的观察形式。如参加学校的各种集体活动，"身临其境"，考察师生在活动中的表现，了解校风、学风的情况。在参与观察中，不能让观察对象知道和察觉观察意图，这样才能观察到观察对象的本来面目。

（4）实地参观考察。观察学校的自然环境、校舍建设、设备仪器和清洁、卫生、纪律制度、校风、教风等，并观察学校教学、生活和管理的各个环节运转情况，这是参观学习的外地人员或上级领导者经常采用的途径。

此外，列席学校各种会议或召开座谈会，倾听学校领导、中层干部以及班主任、教研组长和学生的发言，观察会场气氛和大家的情绪；查看反映学校以前运转情况的各种资料，如计划、教案、作业、档案等，可以了解该校办学思路、办学水平、教改情况和团结情况等，这是教育督导人员经常采用的途径。

（5）访谈。与观察对象访谈，可以直接观察和了解研究对象的个性心理特征、思想倾向、仪表神态以及身体状况等。访谈包括个别访谈和小组访谈。访谈时研究者要善于察言观色。

实施观察时必须注意以下事项：

（1）应尽量按计划进行，不要轻易更换观察的重点、超出原定的范围，致使偏离原既定的观察目的。如果原定计划确实不妥，或观察现象有所变更，则应按计划中的应变措施或实际的变化情况随机应变，但目的只有一个，即力求妥善地完成既定任务，尽可能取得最好的成果。

（2）选择最佳观察位置。一方面要力争处在观察的最佳视野，另一方面要保证被观察者保持常态。

（3）善于辨别重要的和无关的因素。根据科研任务，把注意力集中到能获得有价值材料的重要因素上去，不为无关的、次要的因素所干扰，提高观察效率。

（4）善于抓住引起各种现象的原因。每一种现象的出现，都要能找到引起现象出现的原因，使获得的观察材料具有科研的价值。

（5）善于抓住观察对象的偶然的或特殊的反应。作为说明本质问题的是一贯性的东西，但是全面正确地了解问题，偶然的或特殊的东西不是无足轻重的，它对于研究问题的动向，更有启发意义。

（6）善于与观察对象建立良好的关系。在教育科研中，观察对象往往是人，因此在观察中陌生感容易改变观察对象的常态，良好的关系有利于保持观察的正常状态。

（7）做好观察记录。观察记录应符合准确性、完整性和有序性的要求，为此，必须及时进行记录，不要依赖记忆。一般的记录方法有：

评等法：观察者对观察对象评定等级，如在观察记录学生在某一集体活动中的表现时，可以分十分活跃、活跃、一般、不活跃、很不活跃五级。记录的方法可以在预先印好的表格上按等级划圈。

频率法：观察者事先将规定好要观察的对象和观察的项目印成表格，一旦出现某一现象，就在表格的相应框格内打上记号。

连续记录法：就是当场在笔记上作连续记录，或借用录音机、摄像机等将现场连续录下。

例 3-6

以下是一位观察者采用叙兹曼和斯特劳斯的现场记录格式，记录他从中午 12：00 到 12：30 在一所大学的食堂里做的观察。他将自己所看到、听到和想到的事情分别填入表中有关的栏目里。[①]

现场观察记录表格

实地笔记	个人笔记	方法笔记	理论笔记
12：00—食堂里大约有 300 人，10 个窗口前队伍平均 4 米长	我感觉很拥挤	这个数字是我的估计，不一定准确	中午 12 点似乎是学生就餐的高峰

① 陈向明 . 质的研究方法与社会科学研究 [M] . 北京：教育科学出版社，2000.

实地笔记	个人笔记	方法笔记	理论笔记
12：05—在卖馅饼的窗口排了一个足有两米的长队，而且排队的大部分（大约四分之三）是男生	我想是不是今天的馅饼特别好吃？是不是男生特别喜欢吃馅饼	我站在离卖馅饼的窗口5米远的地方，看不清馅饼的质量，不知道这些人买馅饼是不是因为馅饼好吃	也许买某一样食物的人数与该食物的质量之间有正相关关系
12：10—食堂里有5对成双的男女坐在一起吃饭，两个人坐得很靠近，都是男的坐在女的左边	也许他们是恋人	我只是根据他们坐在一起的亲密样子判断他们是恋人，这个猜想需要进一步检验	也许在食堂里就餐时，男生习惯于坐在女生的左边
12：20—一位女生将一勺菜送到旁边男生的嘴边，望着对方的眼睛说："想不想吃这个菜？"	为什么这些"恋人们"在公共食堂里如此"放肆"？我对此有反感	我现在与他们坐在同一张桌子前，可以听到他们的谈话	似乎女生喜欢主动向男生"献殷勤"，这一点与我平时的印象不一样，其中缘由需要进一步观察和体验

3. 观察材料的整理与分析

观察结束后，要对观察记录进行初步整理。对笔录资料要分门别类存放；对录音、录像、图片资料要登记并做卡片，以免事后因记忆模糊而造成资料混乱。

整理与分析工作的基本内容：

（1）整理资料，看所需观察资料是否都收集到；

（2）审查资料，看所收集到的观察资料是否都有效；

（3）分类归档；

（4）详细说明要解释的内容。

通过研究者亲自观察得到的资料一般比较真实可靠，但有时也有人为的虚假成分。如有时由于某种原因，被调查的学校或个人会以某种假象掩饰事实的真实面目。同时，由于观察受观察者自己的价值标准和以往经验的影响，可能造成观察资料的不准确。因此，在整理和分析观察资料时，要注意如下几个问题：

（1）要检查观察资料是不是严格遵循科学方法的程序获得的；

（2）如果资料是用多种方法收集的，则应把通过观察获得的资料和通过其他方法获得的资料进行比较，如发现问题可再去核实；

（3）当观察以小组进行时，可将观察者之间获得的资料进行比较；

（4）对于较重要的问题应注意观察时间的长短，一般来说，长时间的观察比短时间的观察更可靠。

（四）运用教育观察法应注意的问题

1. 注意观察的客观性

观察资料直接关系到研究结果的真实性。必须以实事求是的科学态度进行观察研究，在观察整个过程中，不应掺杂个人的主观倾向性。

2. 注意观察与分析相结合

科学的观察不仅仅是被动地搜集事实，更重要的是对事实进行分析研究，找出各种教育现象间的相互联系。因此，在观察过程中，一定要与分析研究相结合。通俗地说，即要求一边观察一边思考，在不断的分析研究中把观察引向更深的层次，才能得到高质量的观察结果。

3. 注意观察的灵活性

要见机行事，根据观察对象的变化灵活地调整观察计划；同时又要及时、敏锐地捕捉观察对象的各种细微变化，从中找出联系，以使观察成果更丰富，或从中引出新的研究课题。

4. 做好对观察者的专业培训

观察资料是否正确和可靠，观察者是主要的决定因素之一。因此观察研究法对观察人员提出了严格的要求，它不仅要求观察者具有一丝不苟的科学态度和优秀的个人品质，还要求观察者掌握科学观察的理论知识、技术和技巧。这都要求对观察者进行观察前的培训。

四、教育个案研究法

教育个案研究法是指采用各种方法，搜集有效、完整的资料，对单一对象进行深入细致研究的方法。其任务是揭示研究对象形成、变化的特点和规律，以及影响个案发展变化的各种因素，并提出相应的对策。

个案研究的对象可以是个人，如有的学生才能特别优异或极端低劣，以常用的教学方法无助于其发展或进步；或者有的学生行为和情绪与一般学生不同，一般的教育方法不能改变其行为或性格——凡此等等都需要予以进行单独而深入的研究，以了解学生的实际情况或问题症结所在，诊断形成问题的原因，确定矫正的适当方法，以便使学生得到正常的发展。

个案研究的对象也可以是个别团体或机构，如对某班级或学校进行个案研究。

个案研究一般对研究对象的一些典型特征作全面、深入地考察和分析，也就是所谓"解剖麻雀"的方法。同时个案研究不仅停留在对个案的研究和认识的水平上，而且需要认识教育与发展之间的因果关系，提出一些积极的教育对策，以便因材施教。个案研究是所有研究方法中最生动、最有趣的，在学校教育教学、心理咨询、行为矫正等方面具有重要意义。

（一）个案研究法的特点

1. 研究对象的个别性与典型性

个案研究着重于典型个案的研究，但这个个案不是完全孤立的，而是与其他个体相联系的，是某一个整体中的个别。正因为个案研究法选取的个案具有典型性，它的研究意义才不仅局限在一个个案，而是能够推广到其他同类对象，才能揭示出一般规律。

2. 研究内容的深入性和全面性

个案研究既可以研究个案的现在，也可以研究个案的过去，还可以追踪个案的未来发展。个案研究可以做静态的分析诊断，也可以做动态的调查或跟踪。由于个案研究的对象不多，所以就有较为充裕的时间进行透彻深入、全面系统的分析与研究。如对于学业不良的学生进行研究，可以了解他不同时期学业情况，他的智力与非智力因素，他的学习能力、学习习惯、学习方法，他的家庭教育背景，他在学校各方面的表现等，将各种可能影响到学业水平的因素尽可能研究周全，才能对造成该生学业不良的因素有全面认识，在此基础上提出相应的帮助策略。

3. 研究方法的多样性和综合性

个案研究有自己的研究方法，如追踪法、追因法、教育会诊法、临床法和产品分析法等。但是，个案研究又不是完全独立的研究方法。为了搜集到更多的个案资料，从多角度把握研究对象的发展变化，就必须结合教育观察、教育调查、教育实验、教育测量等多种研究方法，综合各种研究手段。如我们研究一超常儿童，首先需要对被试进行智力测验，看看其智商是否超常；还要对被试作系统观察，看看其各种智力操作是否杰出；同时要调查其成长环境，必要时还要做一些对照实验。

4. 研究过程的客观性和真实性

个案研究法最显著的特征是描述客观世界的真实故事，而且大多是以纯粹客观的态度，运用归纳的方法，所以说，个案研究法所获得的材料比较科学准确，具有较高的文献价值。教育的研究在很大程度上是一个不能复制的过程，所以对这一过程中所发生的一个个典型个案进行深入细致的分析研究，其中包括收集有关个案的背景、具体材料、调查访问结果及有关人员作出的评定和反映，如实地描述这一过程中发生的"故事"，这本身所具有的文献价值就很大，而众多的个案汇集在一起便构成了一个进行教育科学研究取之不尽的宝贵源泉。但个案研究的意义并不局限于"描述客观世界"，它力图解释、预测或控制客观世界的发展变化。因而，个案研究不属于缺乏理论深度的"收集事实"的经验主义方法论范畴，它的价值在于通过解剖"麻雀"，从中总结或提取普遍性原理，即把个案一般化。

从个案研究法的特点可以看出，它适用于具有典型意义的人和事的研究，如对班级中优差两种学生的研究，对个别品德不良学生的研究，对某个学生采取特殊教育的追踪研究，对某个学生的心理问题和人格偏差的诊断研究等。其次，个案研究还适用于对那些不能预测、控制，或由于道德原因不能人为重复进行的事例的研究。如学生辍学、学业失败、家庭破裂、道德不良、青少年犯罪等，也适用于对学生的心理问题和人格偏差的诊断研究和矫正研究。

（二）教育个案研究法的意义及局限性

1. 个案研究法的意义

（1）特别适合教师使用。个案研究是特别适合中小学教师使用的一种方法。在一定意义上，每个教师都应该是一名教育研究者。但由于教师的时间和精力主要还是放在教学和教育工作上，开展大规模的教育调查和严格控制的教育实验，往往有一定的困难。而个案研究的对象少，研究规模也较小。同时个案研究一般都是在没有控制的自然状态中进行的，也不要在一段时间内突击完成，所以，个案研究就特别适合教师。教师可以抓住一两个典型的学生，结合教学、教育工作实践进行研究。对于每一个教育实践工作者来说，总可以在班上找到研究对象，而且也不需要什么特殊的处理，不影响正常的教育活动。

（2）有利于因材施教。个案研究是因材施教的基础，具有实践意义。个案涉及的人与事较少，教师有条件对个案的方方面面进行细致的研究，便于掌握个案的全面情况。同时，个案研究可以对少数个案进行几年甚至更长时间的追踪研究，便于掌握个案动态发展。我们只有在对个案全面研究和了解的基础上，提出有针对性的教育措施，才能真正做到因材施教。如对于基础较好、学习能力较强的学生进行个别辅导，提出更高、更严的要求；对于基础不好的学生就要采取措施、补缺补漏。

（3）有利于教师的专业成长。通过个案研究，可以帮助教师及时了解整个班级或年级的情况，及时收集到关于自己教育措施的反馈信息。通过对个案的辅导，还可以不断总结和评价一些积极的教育措施的实施经验与效果，从而得出对以后教育工作的有益启示。

（4）促进教育科学的发展。个案研究所提供的典型材料为心理学、教育学理论观点提供具有说服力的材料，能够丰富相关的教育学、心理学理论成果。现代教育学心理学的研究，常常要借助于个案研究材料来丰富一般研究的基本结论。如关于儿童元认知的研究都借助了大量个案研究的具体材料，来说明其研究所得出的一般结论。此外，个案研究通过典型材料，以个案举例的方式来说明某种抽象的教育理论和观点，使理论既有概括性，又有实用性，既抽象，又生动，有助于推动教育研究成果的广泛应用，从而促进教育科学的发展。

2. 个案研究法的局限性

（1）样本小。由于个案研究的对象数量少，其代表性有限，难以从个案研究中得出具有普遍性的规律和结论，因而推广应用的可能性受到限制，故依据个案研究得出的研究结果的适用性也常常被人质疑。

（2）结论主观性较强。个案研究一般只能揭示对象的典型特征，常常是定性的分析，其分析的结果也难以量化、标准化。研究者受自身的知识结构、能力等因素的影响，容易得出主观的、不精确的结论。

（3）费时费力。个案研究往往需要采用不同的方法收集各方面的资料，对儿童进行一定的训练或矫正，有时甚至需要追踪研究几年或几十年，因而耗时较多，投入的人力、物力也较多。

（三）教育个案研究的基本方法

中小学的教育个案研究可以根据研究目的、对象、内容的不同，采用追踪法、追因法、临床法、作品分析法等具体的个案研究方法。

1. 追踪法

追踪法就是在一个较长时间内连续跟踪研究单个的人或事，收集各种资料，揭示其发展变化的情况和趋势的研究方法。

例 3 - 7

我国著名幼儿教育家和儿童心理学家陈鹤琴先生从他的第一个孩子出生之时起，就逐日对其身心变化和各种刺激反应进行周密的观察，用日记方式做详细的文字记载，并拍摄了大量珍贵的追踪照片，连续追踪 808 天，积累了大量的研究资料，据此撰写了我国儿童心理学领域中的名著《儿童心理之研究》。中国科学院心理研究所也曾采用个案追踪的方法，对智能超常的儿童少年进行研究，证实了这些孩子绝大多数都受过优越的早期教育，遗传素质的差异只为他们的超常发展提供了可能性，而优良的教育和环境影响则是使这种可能性转化为现实性的最为重要的因素。这项个案研究为我国婴儿教育的开发与实践提供了科学的依据。

个案追踪法主要适用于三种研究情境。一是探索发展的连续性。因为追踪法一般以相同的对象作长期的研究，通过追踪可以掌握研究对象的发展连续性。二是探索发展的稳定性。如研究智力测验分数的稳定性问题，即可从幼儿开始测量直至成年，由此可以看出智商是否具有稳定性。三是探索早期教育对以后其他教育现象的影响。

追踪法的运用应遵循以下几个步骤：

（1）确定课题。确定课题首先要明确追踪研究的对象是个人还是团体或机构，目的是什么，要追踪研究对象的哪些方面；

（2）实施追踪研究；

（3）整理和分析资料；

（4）提出改进建议。

总之，个案追踪是对相同的个案进行长期而连续性的研究，研究者能真实而直接获得研究对象发展变化的第一手资料，能深入了解某个人或某一教育现象的发展情况，弄清发展过程中的个别差异现象。它对于研究青少年学生身心发展的顺序性、阶段性、成熟期、关键期，以及研究复杂教育现象的发展变化、某一教育理论的验证、某一教育措施的实施、某一新方法的探索、某些教育现象之间前后发展的关系等都具有重大意义。但追踪法与其他任何一种方法一样，既有着自身的优点，也有着不可避免的局限。首先，追踪法研究较为耗时费力，进行追踪研究要求研究者有时间、有毅力、持续不断地进行研究，否则是难以得出科学的结论的。其次，一些变量的控制难度较大，各种无关变量随时都有可能介入追踪过程，甚至影响追踪研究的进行。如研究对象的流失就是追踪法研究经常遇到的一个难题。

2. 追因法

追因，顾名思义，就是追寻和探究现象的原因。追因法是个案研究中经常使用的与实验法因果顺序相反的一种研究方法。实验法是先确定原因，然后就此原因求出其产生的结果。追因法则是先见结果，然后就已发现的结果而追求其所以发生的原因。简言之，实验法由因导果，追因法则由果溯因，两者过程恰恰相逆。

例 3 - 8

"光明网"教育频道 2006 年 12 月 18 日发文《未成年人心理健康问题令人担忧》，文中引用中国儿童中心针对五省市青少年心理健康状况的调查报告《中国儿童的生存与发展：数据与分析》中的数字：在中国 17 岁以下的少年儿童中，至少有 3000 万人受到各种情绪障碍和行为问题的困扰。5.2% 的儿童存在明显的躯体化、强迫症状、人际关系敏感、抑郁等心理健康问题。这实际上就是一个结果，是一个不可逆转的既成事实。但造成这一事实的原因是什么呢？文章引用专家观点认为有五个方面：过高的期望、过度的保护、过分的溺爱、过多的干涉、过多的指责。研究人员以这一既成事实进行研究，探究导致这一事实的原因就是一个追因的过程，所运用的方法就是追因法。

实施个案追因研究有这样几个步骤：

（1）确定结果和要研究的问题。

（2）明确了事实发生后的结果，接着就要寻找导致这一结果可能的原因。这些原因最初是假设的，还没有经过验证。假设导致结果的原因应尽可能全面，只要合理就不怕数目多。对已成事实的各种原因之间的关系也要进行假设。这一步骤对于后面工作的进展具有决定意义。

（3）设置比较对象。为了追寻导致结果的原因，研究者可以采取两种途径设置比较对象。一种是设置结果相同的若干比较对象，从中找出共同的因素，即前面假设的原因。另一种设置结果相反的若干比较对象，找出相反的因素，从反面找出真正的原因。如我们研究某学生品德不良形成的原因，可以找出若干个品德不良学生，从中找出他们品德不良形成的共同因素；也可以找出几个品德优良的学生与品德不良学生对比，探究两者成长过程中的不同之处，从而找到学生品德不良形成的真实原因。

（4）查阅资料，进行对比。研究者可以从研究对象的有关资料中看看是否具有前面假设的原因。这一步骤非常重要，要做得特别细致，因为教育现象是复杂的，导致某项结果的原因往往是多方面的。对这些可能的原因又不能等量齐观，它们所产生的作用在程度上也有差别。而且，有时在单个考虑某个原因的情况下，原因所表现的作用是一回事；而在把几个原因综合地加以考虑的情况下，这个原因所形成的综合作用就会是另一回事。这种综合作用可能要比原来的两个或两个以上原因单独的力量之和大得多。这时就可以看出，在深入研究一些复杂的教育现象的过程中，有时还需要找出诸多原因之间的联系。

（5）检验结果。找出原因尚有待进一步检验，最后的检验办法是看有同样原因存在的其他许多事例中是否有同样的结果发生。

3. 临床法

通常是通过谈话形式进行的一种个案研究，故又称临床谈话法。这一方法既适用于陷于困境学生的研究，也适用于正常学生的研究。前者旨在解决个案的问题，后者旨在通过研究特殊个案发现学生发展的一般规律。临床谈话法的方式可以是口头谈话，也可以是书面谈话。研究者可根据具体情况确定运用何种谈话方式。如对于一个有严重厌学行为的学生的临床研究，既可以采取面对面的谈话形式，也可以采用问卷的形式谈话，由此可以了解学生厌学的具体情况，对该生的厌学原因作出初步判断。值得注意的是，教师在口头谈话时，一定要首先解除学生紧张、焦虑、防御、冷寞的心理，要营造轻松自如的谈话氛围。教师要以民主、平等作风参与谈话，而不能盛气凌人，使谈话变成审问，以免使谈话失败。在谈话过程中，师生都应当是问题的发出者，也都应当是问题的回答者，而不应只是单向的信息沟通。书面谈话一般应按照问卷的要求来操作，对问卷的评定应严格、公平、客观。对于临床上的复杂个案问题，需要动用两种谈话方法，进行综合判断和分析。

临床法应用的一般过程如下：

（1）由教师、父母或学生本人提出需要帮助的具体的行为问题或学习问题，然后观察他的行为。

（2）根据学生的学习成绩、教育测量情况、同伴评价、家庭情况以及该生在各种环境中的表现，明确当前的情况。

（3）根据学生的成长史、学校记录和家庭历史等资料，了解其过去的历史。包括：①找出行为的一贯性。如学生的问题行为是在所有情境中发生，还是只在一定的情境中发生。②找出行为的模式，即使行为前后不一致，也可能是一种有意义的模式。③找出可能的动机。

（4）根据可能的假设设计处理方案。

（5）根据初步处理的结果判别假设是否正确，是否需要修改或者必须完全推翻。

（6）为了提高研究的科学性，一般宜用实验法加以检验。

4. 产品分析法

通过对研究对象活动产品如作业、书稿、日志、教案、总结、自传、绘画、工艺作品等的分析，以了解研究对象的能力、倾向、技能、熟练程度、情感状态和知识范围，从而对个案状况作出准确判断。

运用这种方法时，不仅要研究人的活动产品，而且还要研究产品制造过程本身以及有关的各种心理活动状况。

例3-9

我们对儿童绘画作品的研究，可以反映出他们的许多心理特征。儿童的绘画可以反映他们的知觉特征和学生对所绘的物体形成的表象特征。通过儿童的绘画还可以在一定程度上判断其智力水平。研究表明，智力落后的学龄儿童所画的图画，其内容通常是原始的，而且惊人地千篇一律。在儿童的绘画中，还鲜明地表现出儿童对周围环境的态度，他们的态度既影响主题的选择，也影响绘画方式，特别影响对物体和人物的着色，儿童往往把"坏人"和动物涂上黑色。

产品分析法作为一种个案研究法，通常是与实验法等结合使用的。如设置对照组观察学生创造产品的过程，这样可以使研究过程和结论更加科学可靠。产品分析法的采用价值，决定于研究者能否在所搜集的材料中看出和把握生动的教育活动的精髓，如教师和学生的思想和行为等；还取决于研究者有无深入分析的技能，能否从分析中作出有根据的结论。

5. 教育会诊法

教育会诊法是通过教师集体讨论，就某一教育现象作出鉴定，形成比较客观公正的结论的方法。教育会诊的特点在于它的集体性和简便性。它的适应范围也比较广，不仅适应于在个性方面有问题的学生，而且也适应于正常的一般学生。会诊主要针对思想品质及学习方面的问题。研究者通常是教师，而不是专门的研究人员。教育会诊是一种广大教师普遍喜爱的个案研究方法。

按照前苏联著名教育家巴班斯基的研究，教育会诊通常包括六个环节：

①明确会诊目的；

②确定会诊参加者；

③由班主任和任课教师详细说明对某一学生的看法，并列举理由；

④组织集体讨论，广泛交换意见；

⑤为该生作出鉴定，提出有针对性的教育措施；

⑥根据学生的鉴定材料，教师对集体或个人的教育工作进行自我分析，加强自身修养，提高教育教学水平。

研究证明，教育会诊所得的结论与其他研究方法所得的结论基本一致，差异不大。因此可以说，教育会诊是现阶段比较合理有效的个案研究方法。会诊不仅可以提供有关学生行为方面的比较客观的信息，而且会诊过程也是提高教师素质的过程。

（四）教育个案研究的基本步骤

1. 确定研究的个案

研究者应根据个案研究的目的和内容以及对个案问题行为的界定，选择典型的人或事为研究对象。如学困生，首要条件是学习成绩差或学习吃力，其次还要考虑影响该生学业水平的因素有无典型性；如果研究的目的是了解超常儿童的特点，探索超常儿童的成长规律，那么就应该选择智商高的、学习成绩出众的学生作为研究对象。一般来说，作为个案的研究对象应该具有以下三个显著特征：第一，在某方面是否有显著的行为表现；第二，与这方面有关的某些测量评价指标是否与众不同；第三，教师、家长等主要关系人是否都有类似的印象和评价。如创造力较强的学生，可以看一下他是否经常有些小发明、小创造、小制作，在创造力测验上的得分是否高于常人，教师及家长等对该学生在这方面的表现诸如脑子活、常提怪问题等是否有较深的印象，能否举出一些事例等。如果条件都符合，可以作为个案研究的对象。在教育教学研究中，个案研究的对象通常是有生理障碍的学生、学习成绩差的学生、行为偏差学生、情绪异常学生、资质优秀学生等。

为了选取具有能完成研究任务的特性及功能的样本，个案研究往往采用有目的地抽样。

2. 搜集个案的资料

搜集全面的研究资料，是个案研究有效性的重要保证。尽量全面地搜集个案研究资料有助于研究者对个案的历史与现状有一个比较完整、客观的认识。因此在确定了研究对象以后，应当认真做好的一项工作就是要搜集完备的资料。资料的来源大致有三种：第一种为个案本身的资料，第二种是为学校记录，第三种为家庭和社会背景。

（1）在个人资料中，除必要的辨认资料如姓名、性别、年龄、出生年月、籍贯等，还应包括健康状况，如身高、体重、缺陷、各种体能、重症记录和目前健康状况的总评。另外，收集学生历年的学习手册、鉴定、考试成绩、作业本、日记、周记等也很有必要。

（2）在学校记录中，除现在就读的学校、年级和班别外，还应包括过去所有的成绩记录，能力、兴趣、人格等测验结果，操行评语，课外活动状况，所得的奖励，教师的评定，以及同学的评价等。

（3）在家庭与社会背景方面，应调查父母的教育程度、职业、家庭经济状况、居住地区的文化状况、父母的管教方式及对被研究者的态度、被研究者在家庭内所处的地位、与家人的情感状况、从事家庭活动与计划的程度、来往密切的亲友和邻居的情感、平时所常交的朋友或法律记录等。

从事上述资料的搜集，可采用多种方式进行。如可利用调查表的形式，让有关人员填写；可采取测验的方式，让被研究者回答；可调阅被研究者的自传、周记、日记等，了解被研究者自身的基本情况；可以通过访问的形式，访问有关人员、收取口头报告，与被研究者面谈，当面观察其行为反应，收取第一手资料，在谈话过程中发现隐含的因素。需要注意的是，收集个案资料要尽量做到客观、公正、全面、深刻。

3. 整理分析资料

资料搜集完备后，应当对这些材料加以认真地梳理与分析，最后得出有关个案研究的结论。个案研究的主要任务在于揭示研究对象特征形成、发展的规律，属于定性研究的范畴。因此，在广泛地占有资料的基础上，最为重要的工作是做好对资料的加工。在加工过程中，最为常用的逻辑思维方式就是分析和综合。分析与综合质量的高低直接影响个案研究的有效性。

个案研究所搜集到的原始素材毕竟是粗糙的材料，不能直接说明问题。要把这些原始素材转化为能说明问题的信息，需要以正确的哲学方法论为指导，对之进行科学地加工和处理；通过分析与综合找出个案的本质特征，从而使事实材料不仅成为胜于雄辩的东西，而且成为证据确凿、富有意义的东西，并由此得出科学合理的结论。如为了研究某一学生的个性心理特点，我们可以把他的个性心理特点分解为一般行为习惯、性格特征、知识兴趣、意志情感、能力水平、动机形成等几个不同的部分，分别认识并考察研究各个部分所特有的性质与构造，这就是分析过程。综合的过程与此相反，它侧重于将事物各个要素或组成部分有机地结合起来，从认识本质到认识对象整体。就上例而言，我们在对某一学生的个性心理特点进行分析之后，可以得出有关这个学生在习惯、兴趣、才能、意志、能力、动机等方面的一些认识。

此时，如果我们将这些认识联系起来考虑，就可以形成关于这个学生的个性心理特点的总体认识。这个过程实际上就是一个综合过程。综合不是把对象的各部分、各因素简单地罗列或相加，而是将各部分、各因素有机地结合起来。从分析到综合，是思维认识过程中的一个质的飞跃。

个案研究法包括了大部分主观的资料，无论根据被研究者个人的陈述，或是他人的判断，以至谈话者的意见，皆不能避免主观因素的影响。如果判断错误或处理不当，将使被研究者蒙受莫大的损失，这是值得我们注意的。

总之，个案研究法可以以一个人为单位，也可以以若干性质相同的被研究者为对象，分别研究，然后汇总成结果。虽然研究对象数量不大，但只要操作科学适当，仍然能够从中归纳出带有普遍意义的规律。

4. 形成结论

个案研究不仅仅提出要研究的问题，还需要提出解决问题的策略和指导性意见，通过跟踪、观察、记录等方式验证先前的诊断和假设。最后，对个案研究结果进行讨论和评估，提出建议，得出结论，撰写个案研究报告。

例 3 - 10

马小菊的学习困难[①]

——西北少数民族贫困地区一位学习困难生的个案调查

一、研究背景

东乡族自治县是我国唯一的以东乡族为主体的少数民族自治县，位于甘肃省中部，临夏州东北部，是国家扶贫重点县，也是

---

① 王连照. 马小菊的学习困难 [J]. 教育理论与实践, 2004 (1).

全省扶贫攻坚的"七县一片"之一。全县有 25 个乡镇，229 个行政村，1893 个合作社。由于其特殊的地理位置，全县常年干旱，致使以农业为主且靠天吃饭的全县经济常年不景气，教育滞后，辍学问题很严重，直接影响到当地的教育前景，影响以后当地社会、经济的发展，影响国家义务教育的实施与普及，所以确保入学、保证教学、杜绝辍学是当前东乡教育的重中之重。本研究旨在通过对该地区一名学习困难生的跟踪调查，以点代面探明当地学生学习困难的原因，为促进少数民族贫困地区教育发展添砖加瓦。

二、研究方法与过程

1. 抽样方法

东乡县现有各级各类学校 184 所，其中小学 171 所（完全小学 103 所，教学点 68 所）；全县现有在校生 31769 人，小学生 27438 人；适龄儿童入学率为 85%，女童入学率为 73%。

2002 年 11 月 25 日上午 9：40 分左右，我们这一组到达了第一站：龙北小学。到学校之后，汪校长给我们介绍了一下学校的基本情况。

全校教师共有 5 名，其中 1 名女教师；除 1 名为汉族外，其余 4 名全部为东乡族。学校辐射两个村，15 个行政社，适龄儿童入学率为 82.2%，女生入学率为 64.7%；服务半径内应入学 169 名，其中女生 71 名，与实际入学人数相比还有 30 多名适龄儿童没有在校。据汪校长说，有的转学了；有的女孩子，家离学校太远，考虑到安全问题，家长没让上（这一点随后得到了考证。文中主角马小菊虽然上了学，但也常因家远或其他原因不上课）。这份个案是对龙北小学二年级女生马小菊跟踪调查的记述。

选取马小菊为个案研究的对象是有一定原因的。首先有必要介绍一下本研究对"学习困难"的界定。本研究把"学习困难"定义为学习成绩差或学习吃力；其次，考虑到本地是实施双语教学的一个地区，即东乡语与汉语在教学中被混合使用，一年级同学刚入学，尚处于语言适应期，三年级属于对双语的过渡接受期，四、五年级本已完成了对双语教学的接受过程，分析下来，只有二年级对于本研究最为适合。以上两个原因最后聚焦，校长当即说出了"马小菊"的名字，并且拿出学习成绩给予证明。这样，本文的主人公马小菊便出现了。

马小菊，11 岁，二年级女生，是家中唯一的孩子，并且是养女，父母均已 50 多岁，都在家务农，没有什么文化，一家人靠种田生活。据校长讲，她们家是本村最穷的住户，马小菊本人又是班里学习成绩最差的学生，但经济状况与她的学习成绩是否有直接关系，这一点不敢冒然下定论。

2. 研究过程

大概上午 10 点多钟，我们在征得老师的同意后听了一节课。课堂中唐老师使用的课堂语言全部是汉语，这里需要特别说明一下，北村附近的董村是一个汉族村民占多数的村庄，多说汉语，所以这里的北村村民大都说汉语。所采访的唐老师虽然是东乡族人，但他自己也不会讲东乡话，这样的情况很是出乎我们的意料，但是考虑到这个样本与其他样本的可比性，我们决定继续进行调查。

12 点钟下课后，学校开始给学生们发放免费午餐，这是前段时间中英项目①的一部分，全县只有这一个学校发放免费午餐：一个馍馍，一个鸡蛋。学生都坐在自己的位置上，领到午餐之

① 中/英甘肃基础教育项目是英国国际发展署无偿援助 1120 万英镑支持甘肃省发展基础教育的项目。本项目主要通过支持宁夏回族自治区的康乐、东乡、和政、积石四个民族县提高义务教育阶段入学率和扶持全省师范教育体系来发展甘肃的基础教育。通过改善办学条件，资助贫困学生，进行师资培训，加强师资培训机构实力，提高学校规划和管理水平，加强科学研究项目成果推广等活动来达到使更多的孩子完成小学和初中教育，减少教育体制中不平等因素等目的。

后，都没有吃。此时正值伊斯兰教斋月，日出前进一次餐，日落后再进一次，中午不吃，这样持续一个月，以净身减欲。孩子们都很高兴的样子，这样的午饭也只能给这些山里的娃娃带来幸福；想想城里孩子包括我们这些大人们，干馒头就着凉水的吃法没几个人能受得了。屋子里很冷，没有煤炉，学生一般吃完后接着就又开始上课，这样下午3点就可以放学。马小菊也没有吃，她用一条红纱巾把馒头与鸡蛋包起来。过了一会儿，另外一个同学过来说校长找她，于是她出去了，不知校长跟她说了些什么，马小菊到班里后就开始收拾书包，说肚子不舒服要回家。既然这样，我正好跟着她去家里。于是，在向我们领队周老师请示后，我俩就一块儿上路了。

　　天气很冷，虽然有太阳，但山里的寒气仍是逼人，远处梯田一样的山脊的背阳面仍有雪没有融化完。马小菊身上穿了一件暗红的、有些脏又有些破的衣服，里面的毛衣太小，脖子露得很长；一条红裤子，空荡荡的，可能连毛裤都没穿；手上冻得像干久了的土地，皮肤细纹都皲裂成一块块的硬甲状，头发乱乱的成了一团，但所有的这些都挡不住她作为小孩子所具有的天真与快乐。一路上，她唱了很多歌，并且对我手里的采访机很感兴趣，于是我就告诉她可以帮她录制歌曲，她显得更高兴了，连着唱了《五星红旗》、《妈妈的吻》、《你在他乡还好吗》等几首歌。虽然这里的交流语言主要是汉语，但我们交流起来仍有些困难。可是让我惊奇的是，她唱起歌来，吐字特别清晰，而且音调包括每个汉字的音调都很准确，这与她们在课堂上读书时的音调很是不同。听着她的歌声，看着她唱歌时的那份认真与投入，怎么也想不到她的学习情况会是像学校里反映的那么差。以下是我们的对话——

　　研究者："你喜欢学校吗?"
　　学生："好着呢，很喜欢。"

研究者："喜欢学习吗?"

学生："喜欢。"

研究者："我说的话你能听懂吗?"

学生："能。"

研究者："能听懂老师讲的吗?"

学生："能。"

研究者："那为什么不会做作业?"

学生："……"

……

　　大约走了半个小时,到了一个村子。远远的,她喊了一声"爸爸",我这才看到远处墙边一位50多岁的老人正倚着墙晒太阳。走到近处,马小菊在给父亲解释。她爸爸看起来很高兴的样子,我们一块儿进了院子。院子里仅有一间房子,房子左面是一个窑洞,里面放着一些杂物。院子里很干净,但一无所有。进了屋子,整个房子的右边三分之一是一张大炕,炕上略显杂乱地散放着一些破旧的棉被,左边三分之一用几个化肥袋子缝起的"屏障"与其余部分隔开。屋子里有一辆破旧的自行车,还有一些堆放着的农具,屋里再没别的家具与布置,也没有凳子。我们只好坐在炕上。来的时候,我带了一份家长问卷,准备再就马小菊的学习情况作份问卷调查,但终因周围干扰太多(邻居们即第三者在场),且语言不通,无法正常交流,所以前后调查大约不到20分钟,我就告辞了。

　　此时已是将近下午2点,太阳正好,天也正蓝,我边走边想:既然马小菊认为汉语并不影响学习,而且听老师讲,父母很疼爱她,学习上需要的,家里也是尽量满足她,为什么她的成绩仍是很差?她说能理解老师讲的,但为什么不会做题?既然不会做题为什么老师问"会算吗",她也回答"会",这里是否有一种儿童的趋同心理在作怪?这种趋同心理与老师的问法与暗示是否有很直接的联系？……正想着呢，听见身后仿佛有人叫我，一回头，看到她父亲推着车子在后，马小菊在前面跑着追我。一问才知道，她想要个本子，爸爸带她去买。我们一路走着，顺便问了一些他家里的情况——

研究者："怎么没见她妈妈？"

家长："出门了。"

研究者："家里主要靠什么生活？"

家长："靠天吃饭，家里就我们三口人，穷，什么都养不起，连只鸡都没有，地里出的有时还不够吃……"

……

说话间，我们到了公路边的一个小卖部，马小菊先跑进去，大声说："这样的，这样的。"于是就买了两本，但当时并没有付钱，她爸爸只是让人家先记下账。

之后，她爸爸就要回去。我想反正快到学校了，倒不如到学校找个我们随行人员中懂东乡语的帮帮忙，顺便再多了解些信息。于是，征得她爸爸的同意后，我们就一块儿向学校走去。一路上，因为言语不通，也就没再说什么，但我已感觉到他们所说的"土汉语"与外界交流仍存在一定困难，那这种介于"普通话"与"东乡话"之间的"土汉语"对学生的学习会有什么样的影响呢？

到了学校后，协同我们工作的东乡师范学生都出去了，我们只好找另一位老师帮忙。这样效果很不理想，因为老师在翻译过程中很可能对问题的回答有暗示或诱导作用，但当时条件不充分，只好如此——

研究者："你觉得孩子的成绩与别的孩子相比，是什么状态？"

家长："……中等吧。"

研究者："你重视孩子的学习吗？"

家长:"重视。只要她愿意上,学习好,我就供她。"

研究者:"村里现在有没有不上学的?"

家长:"没了,以前有。"

研究者:"为什么?"

家长:"现在中英项目做得好,都去上了。"

研究者:"以前不上是不是因为上不起?"

家长:"不全是,有些不愿让娃娃上。"

研究者:"为什么?"

家长:"想着没用呗。"

研究者:"也就是家里有钱,也不愿娃娃上学?"

家长:"是的。"

……

三、研究结果

1. 马小菊的总体表现

经过跟踪调查,马小菊总体表现为不太爱说话,虽然课堂上与同桌(男生)说话很多,也积极地配合老师的提问,但下课后男生们玩皮球,女生们玩皮筋儿,她却孤零零地在旁边站着,这其中的具体原因不得而知。通过观察,班里与她谈话的只有同桌的男生;下课后,那位男生跑出去玩了,就再也没有别的同学与她说话。问她时,她说:"不给玩。"意思是别人不和她玩,这说明她的社会交往由于同伴排斥而很受局限,这种排斥是因为学业失败还是家里的经济状况不得而知。回家后,在父亲身旁,她显得很活泼,但作为孩子所应有的顽皮、无忧无虑的天性在学校里丝毫没有表现出来。据她父亲讲,家里一般没有什么活儿,即使有,也从来没有让她干过。这说明虽然当地大多数学生的学习生活很受家务劳动的影响,但她的学习却不受这方面的局限。

2. 学习困难的原因探讨

根据观察、访谈及家长与老师的说明,马小菊学习困难的原因可能有以下几点：

（1）自身不努力。经了解，马小菊目前正处于留级阶段，虽然二年级已经读过一次，但据研究者对她的课堂观察，她的学习程度甚至比其他新生还要差。另外，父母虽然没有文化，不能辅导她的学习，但都很支持她，而且她的学习活动主要是在学校进行的，如果稍加努力，再加上一年级的一些底子是可以学好的，最起码会做课本上的题，但事实并非如此，所以学习成绩差既是她自身不努力的原因，也是其一个结果，这一点从对她课堂观察的记录中可以觉察得到。

以下是马小菊在 40 分钟的课堂上的主要活动：

根据马小菊在课堂上的主要活动记录，大部分时间里，她在与同桌讲话，做小动作，并没有专心听老师讲课。虽然也在动笔，但却不是在做题。马小菊学习的主动性可见一斑。

（2）学校与家庭联系不紧。马小菊的父亲认为她的学习是中等水平，但实际上，她是最差的。而且据老师讲，她一年级的底子就差，这说明她父亲虽然很支持她学习，但对她的学习情况一无所知。学校老师们也承认几乎不开家长会，本学期仅有的一次是在中英项目评估前开的，而且内容主要是介绍中英项目，并不针对学生学习情况，这就使得学校与家长的联系几乎处于脱节状态，从而使二者无法及时交流学生的学习情况，家长无法对孩子的学习进行监督，学校无法对学生学习负责。

老师："家长、学校平时交流也不多，家长就是简单地说，孩子来了，你们就好好地教。他们也没有给学校提出一些具体的要求什么的。再者，老师与家长也谈不上什么，没有共同语言。"

（3）老师不够重视。马小菊下午放学后，研究者又对她的班主任也就是上午的听课对象进行了个别访谈。

研究者："像马小菊这样的学生，学习成绩一直上不去，咱们学校有没有一些具体措施来帮帮他们？"

老师："对于学校来说，当地经济不好，学费就是一大问题，学校一直在给这些学生减免学费，让他们来上学。但直到现在，有好些娃娃还是没有交学杂费，学校经济方面的压力也比较大，最大的措施就是免费，其他的措施也起不了多大作用。"

研究者："按照咱们学校的观点，只要娃娃能来上学就行？"

老师："是的，只要能来就行……"

可见在当地教师的观念中，只要孩子能来，只要保证了适龄儿童的入学率，保证没有辍学学生就算达到了目的，就算尽到了责任。至于帮助学习困难生、提高教学质量等一些问题的解决，倒在其次。这也是造成马小菊这些学生学习困难的一大原因。

（4）新教材的使用。调查过程中，一些老师反映由于新教材的使用，使原先相对较"适用"的课本内容变成了花架子，老师们一下子不知道该怎么讲了，这样的教学困难也导致了学生的学习困难。

研究者："您觉得教学中有什么困难吗？"

老师："教材变了以后，学生们对一些词语、短语、课文的中心思想什么的根本理解不了。虽然老师也尽量地讲，但只能是笼统地讲，具体的讲不来，老师能力也有限，不可能解释得太标准，所以只是简单地讲一下。"

研究者："这样的话，会对学生学习产生什么样的影响呢？"

老师："学习困难就多了一点吧。教学中，我们也多讲一些近义词、反义词什么的，课后练习或教材上的一些练习，让他们尽量多做。"

研究者："也就是说，老师们也想尽了办法。"

老师："其实主要是教材的变化，从以前应试教育的要求改为素质教育，从各方面对老师来说困难较大。"

研究者："主要是给老师造成的困难大，导致老师们在教学过程中不知道该怎么做。"

老师："是的。"

……

以上谈话可从侧面反映出，关注素质教育的新教材中对知识的巩固练习少了、解释少了，而老师们却没有得到相应的培训，无所适从，教学中的一些盲目行为引起了学生学习中的一些困难。

四、讨论与反思

调查过程中发现的一些问题有的是具有普遍性的，如教师的责任心、教师的职业能力、师生对新课程的适应过程、家长对学生学习的关注程度、学生对学习的兴趣、学校对学生的吸引力等，这些问题在我们国家任何一个地方的教育过程中都很普遍。但在这里，当地的实际生活条件对于这些问题的解决无疑是雪上加霜，如教学条件极为艰苦、师资匮乏、学校基础设施不到位、家长群体受教育程度不高等，国家整个教育体制中的哪怕是一点点的不足与问题都会对当地教育产生"蝴蝶效应"。

调查过程中一些我们自身的原因也值得注意。首先是我们对"学习困难"的界定，如果把它仅限于学习成绩差，有一棒子打死之嫌，而且与我们当前提倡的多元评价方式也有诸多不符；如果把它定为学习吃力，那么这样的"学习困难"则太过宽泛，且忽略了学生之间不同的个人努力。在实施调查之前，课题组成员就这一问题进行了多次商讨，也借鉴了多位专家的意见，最后把它界定为学习成绩差或学习吃力，即使如此，也还是有许多争议。所以，我们在调查过程中，特别注意学生成绩与个人努力的关系，用学生学习的努力程度作为解释其学习成绩、发现其学习困难的入口。因为，在一个同样的生存状态下，生活条件与学习条件是基本一致的，而在造成学生学习困难的原因中，个人努力占了很大的成分。

其次，研究者本人的研究技能问题。我是第一次参与课题，实施调查前，王老师对相关的研究技巧作了多次深入细致的培训，并进行了模拟练习；正式调查前，我们还进行了预调以检测研究工具，同时对于所有研究成员来说也是一次实地练习。即使这样，调查过程中的一些实际情况还是让人"防不胜防"。调查结束后，在反思过程中，我觉得自己首先在访谈过程中对被访者有一定的误导，并在一些时候对被访者的说法与做法做了一些主观评价，这些都可能对被访者的谈话情绪有一定的影响；另外，对马小菊的观察不够细致，对造成她学习困难的原因挖掘不够，对于她喜欢学习但上课不认真这两种学习态度究竟是如何影响她对自己学习成绩的看法、她是如何淡化学习成绩差对她的人际交往的影响等一些问题难以做出更深层次的解释……

此外，还有在研究过程中涉及的一些伦理道德问题。调查期间，正值伊斯兰教斋月，一天两顿饭，日出前与日落后各吃一次，我们正好中午没法回去，必须在学校就餐，虽然我们带有食物，并且一再婉言谢绝学校师生的款待，但最终每天中午他们还是为我们做出可口的饭菜。他们的热情与真诚我们无法从记忆中抹去，给他们带来的不便及对他们正常生活的干扰也让我们一直不能释怀……

民族地区的教育状况牵动着我们每一个人的心，从每一次调查研究中发现问题、分析问题并力图找到解决问题的方法是每一位教育研究工作者的责任与价值所在。通过对本次研究的深入分析，研究者有以下几点看法：

1. 学校应尽力通过社区的支持与帮助，加强与学生家长的联系，争取让家长看到学习中与学习后的孩子。

调查以前，在对贫困地区基础教育阶段辍学现象分析的过程中，我们都把经济原因排在了第一位。但在调查过程中，家长的教育态度让人彻底改变了这一偏见，调查过程反映出经济原因是第二位的，而家长的观念是第一位的。也就是说，家长的教育观念是决定学生接受教育与否的首要因素。但现实生活中，学校与家庭的联系仅是一张成绩单，而学生通过学校教育产生的诸多变化是无法通过这些冷冰冰的数字得到完全体现的，但多数家长对学生的所知仅限于这张成绩单，并习惯于通过上面的分数来处理孩子的教育问题。当然，该地实际情况也确实给教师家访造成了一定困难。当地以散居为主，虽然学校布点时首要考虑的就是学生家庭的分布情况，但总是"鞭长莫及"，学校距学生家一般都是一两个小时的路程（早上 8 点上课，12 点放学后在学校吃一些免费午餐，下午 1：30 继续上课，大概 3：30 分放学回家，所以孩子们一般中午不回家）。鉴于这样的实际情况，学校可以在农闲时开展多样化的家长座谈，并组织适当的亲子活动等，所有的努力都是为了能让家长看到学习中与学习后的孩子们。这本身也是创建学习型社区的一个重要的、必要的努力。

2. 学校要有特点被学生喜爱，这一点在民族地区辍学现象严重的地方尤其重要。

少数民族贫困地区的生活条件与学习条件决定了当地学校教育在其社区生活中的"弱势地位"，但辍学与失学现象极为普遍，这与学校生活的单调、乏味不无关系。如果学校能够根据当地孩子的爱好选取一些受欢迎的、健康的娱乐项目，如演唱比赛、舞蹈比赛等多种活动来丰富学校生活，增强学校吸引力，提高学生入学积极性，即让学校有特点被学生爱；同时有效利用中英项目配置的学习资源，如电视机、图书等，为学生创造更好的汉语学习环境；有效组织一些演讲比赛、阅读比赛、故事会等一些利于激发学生学习积极性和主动性的团体活动，为学生学习提供更多的机会。

3. 教师应进一步关注差生在学习上的"生存状况"，通过把教学目标多层次化以帮助差生学习，真正做到"为了每一位学生"。

如果教师在教学过程中，能够根据教学计划选定最重要的学习目标，要求所有学生都掌握，而在其他次要目标上允许学生的掌握存在差异，同时，把教学向课外延伸，增加学生个别学习或分组活动，这对提高学生学习主动性有很大帮助。教师也可在不耽搁优生学习进度的情况下，辅导差生赶上其他同学，以帮助差生恢复应有的自信心，避免因学业失败而造成的交往排斥。

五、教育文献法

文献是用文字、符号或图形等方式记录人类活动或知识的一种信息载体，是人类脑力劳动的一种表现形式。教育文献法是指研究者按照一定的研究目的和任务，通过收集、鉴别、整理、研究相关文献，从而形成对教育事实的科学认识，探索教育规律的研究方法。几乎所有的课题研究，都要从文献研究开始，并将其贯穿于研究的始终。由于文献法不与研究对象直接接触，而是间接地通过查阅相关文献获得研究信息，因此也被称为"非接触性方法"。

（一）教育文献法的特点

运用文献法进行教育研究，既有其优势，也有其不足。

1. 教育文献法的优点

（1）研究过程中无对象反应性干扰。由于文献研究不直接接触研究对象，与一些实地调查法相比较，文献法不必受研究对象的反应性干扰，因此使得研究过程更加客观真实，准确性更强。

（2）研究范围不受时空限制。因为经费、时间等客观条件局限，研究者有时无法对研究对象进行直接面对面的研究，这时就可以借助研究相关文献，获得对研究对象的认识。如我们今天研究孔子的教育思想，我们无法回到两千多年前考证孔子的教育活动，只能借助记载其教育思想和实践的相关文献，如《论语》等，否则研究就无法进行。

（3）简便易行，使用方便。与实地调查法相比，文献法方便易行，所需费用较低，随时随地都能进行，受到研究对象、研究环境和研究设备等因素的限制较小。

（4）便于对研究对象进行纵向分析。文献法适合对研究对象在一段时间内的发展变化开展研究。研究角度往往是探寻一种趋势，或搞清楚一个演变过程。如要研究俄罗斯教师专业学习和发展模式，从时间上就要追溯到几个世纪以前，只有依靠长期积累的这方面的文献资料才能实现对这一问题的研究；并且在研究过程中通过文献对比，可以脉络清晰地掌握俄罗斯在不同历史时期教师专业发展的情况，而这是其他研究方法所不能办到的。

2. 教育文献法的局限

（1）文献研究者无法控制文献可信度。在文献的编写中，不可避免地带有原作者的主观看法，特别是一些个人文献，出于多方面原因常常会出现对某些事实的夸大、缩小、偏见甚至编造。同时，历史局限性、阶级局限性、时代特点等都会在文献中打下烙印，而这些都会对文献的可信度产生影响，这种影响是研究者无法控制的。

（2）研究者对某些文献的收集难度较大。在一些研究领域几乎没有可利用的文献，并且保留下来的文献常常由于主观原因进行了一定选择，使得文献的真实性、全面性受到影响；另外，一些文献作为内部资料和档案出于保密原则并不外传，这些都给研究者收集文献带来很大难度。

（3）研究者对文献分析的可信度和精确度难以保证。对文献资料的分析的可信度，一方面基于原始文献的真实情况，另一方面还取决于研究者本身的推理和分析能力。研究者通常根据自己的背景经验对文献的可信度进行判断，由于缺乏统一标准，判断的可信度和精确度都难以保证。

（二）教育文献的种类及分布

1. 教育文献的种类

（1）根据加工程度不同，教育文献可分为一次文献、二次文献、三次文献三种等级。

①一次文献。包括专著、论文、调查报告、档案材料等以作者本人的实践为依据而创作的原始文献，是直接记录事件经过、研究成果、新知识、新技术的文献，具有创造性，有很高的直接参考和使用价值。缺点是贮存分散，不够系统。

②二次文献。是对原始文献加工整理，使之系统、理论化的检索性文献，一般包括题录、书目、索引、提要和文摘等。二次文献具有报告性、汇编性和简明性的特点，是对一次文献的认识，是检索工具的主要组成部分。

③三次文献。是在利用二次文献的基础上对某一范围内的一次文献进行广泛的、深入的分析研究之后综合浓缩而成的参考文献，包括动态综述、专题评述、进展报告、数据手册、年度百科大全以及专题研究报告等。这类综述性文献全面、浓缩度高、覆盖面宽、信息量大、内容新颖，即具有综合性、浓缩性和参考性等特点。

（2）根据教育科学文献的来源及公开性来划分，可分为正式文献和非正式文献。

①正式文献。指专著、论文、科学研究报告和总结、丛书、学报、专刊、文集、统计材料、表册、年鉴以及与研究问题有关的教材、参考书等；还包括党和国家的政策法规、正式出版物以及教育行政主管部门、学校等的工作计划、工作总结、指示、决定等。

②非正式文献。指未正式出版的各种材料，以及私人通信、日记、个人声明等。

（3）按教育文献的表现形式，可分为文字资料、音像资料和机读文献。

①文字资料。以纸为媒介，用文字表达内容，通过铅印、油印和胶印等方式记录、保存信息的文献。这类文献数量巨大，是信息的主要载体。

②音像文献。是以声频、视频为媒介的文献，主要有图片、胶片、唱片、电影、幻灯、录像、录音等。这类文献形象直观，易于传播。

③机读文献。是以磁盘、光盘为媒介，阅读这类文献需要通过计算机。其文献储存密度高，易于复制，检索速度快。

（4）根据文献的功能划分，可分为事实性文献、工具性文献、理论性文献、政策性文献、经验性文献五类。

①事实性文献。指专门为教育科学研究提供事实证据的文献，包括古今中外已被发现和证实的各种形式、各种内容的事实资料，如文物、教育史学专著、各种测验量表、各类教育实验报告、教育名家教育实录等。

②工具性文献。指专门为教育科学研究提供检索咨询的文献。包括工具书、网上检索查询、学术动态综述等。

③理论性文献。指专门为教育科学研究提供理性认识的文献。包括教育专著、论文、文集、教育家评传、方法论著作等。

④政策性文献。指专门为教育科学研究提供政策依据的文献。包括规章制度、政府文件与统计资料等。

⑤经验性文献。指专门为教育科学研究提供感性认识的文献。指调查报告、工作总结、经验、教育参考书、各级各类学校教科书、教学大纲等。

2. 教育文献的分布

（1）书籍。书籍包括名著要籍、教育专著、教科书、资料性工具书及通俗科普读物，它是教育科学文献中品种最多、数量最大、历史最长的一种情报资源。

（2）报纸和期刊。报纸和期刊均属于连续出版物。报纸是以刊登新闻和评论为主的定期连续出版物。期刊是定期或不定期的连续出版物，有周刊、月刊、双月刊、季刊等。报纸和期刊出版周期短，更新速度快，内容新颖，论述深入，能及时反映研究活动的动向，数量大、种类多，是科学研究者重要的参考文献。

（3）教育档案。档案资料是人类在各种社会实践活动中直接形成的，并且具有保存价值的原始文献资料。教育档案包括教育年鉴、教育法令集、教育统计、教育调查报告、学术会议文件、资料汇编、名录等。

（4）政策、法规、文献汇编。指政府机构发布的公文资料。体现了某一时期官方的教育方针、政策、制度、法规等，具有政治上的严肃性、理论上的准确性和数据上的可靠性。

（5）日记、回忆录、信件和自传。这些都是当事人亲自撰写的第一手资料，客观真实，准确度高，对研究他们的思想、情感、行为等具有很高的价值。

（6）电子信息检索系统。电子信息检索系统是由计算机程序人员编制的、储存于计算机中的、帮助读者查阅文献资料的软件。一般可分为两种，一种是图书馆资料中心使用的文献检索系统，它和该图书馆资料中心的数据库连接，读者能利用它从数据库中检索出所需要的资料。另一种是国际互联网上的各种网站的搜索引擎，如"搜狐"、"中文雅虎"等网站上都有搜索引擎，读者利用搜索引擎可以从庞大的互联网中搜寻和阅读所需文献资料。和其他种类的文献相比，电子信息检索系统有容易保存、便于检索的特点。

（三）教育文献检索的过程和方法

1. 教育文献检索的途径

文献检索是根据研究目的查找所需要的文献，以满足研究的要求。文献检索的途径和方法分为两大类：手工检索和计算机检索。

（1）手工检索。通常是根据文献的外表特征和内容特征，利用目录、索引、文摘等检索工具来查找和获得所需要的文献的方法。文献外表特征包括作者姓名、书名或文章名、代码；内容特征包括分类体系、主题词。文献的五个特征构成了文献检索的五条途径。手工检索主要是通过检索工具完成。检索工具包括书目、文摘、索引等。

①目录。目录是检索工具中历史最悠久、使用最广泛的检索工具。目前国内权威的目录有：

《全国总书目》（1949年至今），国家版本图书馆编（一年一册）。

《全国新书目》（月刊），国家版本图书馆编。

②文摘。文摘是以简洁的形式对文献内容作简明的介绍、摘录或描述。它提供的信息比书目和索引更多。根据编写的目的和用途，文摘可分为指示性文摘和报道性文摘。指示性文摘仅仅提供主要的线索和简要的内容；报道性文摘更详细一些，一般包括了原文的主要内容及原文的主题范围、观点、思想方法和重要数据、推理过程和论证结果等。如美国教育资料信息中心（简称ERIC），是由分散的信息中心联络网组成的全美信息系统。它可以按照研究题目的类别提供摘要、文献目录和研究评论等信息，还可以根据研究者的需要提供书目和文摘的名单。

③索引。索引提供文献标题或主字码编目的篇名，但不提供文献的任何文摘或其他描述。索引是将图书、报刊资料中具有检索意义的信息如词语、人名、书名、刊名、篇名、主题等分别摘录或加以注释、标明出处页码，按字母的顺序或分类排列，附在书后或单独编辑成册。如《全国报刊索引》（上海图书馆编辑出版），是查找报刊资料的主要工具之一；《报刊资料索引》（年刊，

中国人民大学报刊资料中心编辑发行，原名为《复印报刊资料索引》），是很实用的专业文献检索工具。

④参考工具书。参考工具书是从大量的书籍中搜集编辑有关的内容，按一定的编排方式，写成条目，专门供读者查找的文献。参考工具书可分为字典、词典、百科全书、统计资料、年鉴、手册、大事记、传记等。如：《中国大百科全书（教育）》，中国大百科全书出版社，1985年出版，是新中国成立后第一部教育专科的百科全书。《教育大辞典》，顾明远主编，上海教育出版社，1997年出版。《国际教育百科全书》，瑞典胡森主编，1985年出版。《中国教育年鉴》，中国教育年鉴编辑部编，每年一卷。

⑤国内外期刊。期刊写作群体庞大，出版周期短，内容新颖，反映了有关学科领域的最新动态和最高水平。如《教育研究》、《教育理论与实践》、《比较教育研究》、《全球教育展望》、《教育评论》、《中国教育学刊》、《外国教育研究》、《人民教育》、《课程·教材·教法》、《心理发展与教育》等。

（2）计算机检索。随着信息技术的迅速发展，计算机检索已经成为一种新型的文献检索工具。计算机检索由于搜索范围不受限制，可以随时查阅所需的文献，而且速度快，正在逐步取代传统的书本式检索工具、卡片目录等方式。许多大型的综合性图书馆都建立起计算机文献检索系统，并提供信息服务。研究者可以通过计算机网络检索信息或通过下载、拷贝或打印等方式保存文献。

①利用计算机网络检索信息。计算机网络是以共享资源为主要目的而连接起来的若干计算机系统的集合。检索的基本步骤如下：

第一步，确定需要检索的问题和范围。在检索的过程中可以根据实际情况进行调整。如果检索到的文献资料过多，则可以缩小检索的范围，反之则扩大范围。

第二步，选择要检索的数据库。在查询的过程中，可能会有多个数据库可以使用。在进行选择时，可以对资料的权威性、新颖性等方面考虑，做出筛选。

第三步，选择用来检索的主字码。主字码就是要查找的内容。主字码不能随意确定，要选用检索系统认可的词或短语。主字码有作者名、书名或篇名、关键词等，其中关键词检索最为常见和便捷。

第四步，选择材料。通过主字码检索，可以查询到相关参考文献的数目，通过参考文献刊登的期刊的权威性，发表日期等信息或调整主字码的方法筛选文献信息。

第五步，保存文献资料。通过下载、复制或打印等方式保存文献。

常用的教育网站有：

中国教育报网站 www. jyb. cn

人民教育出版社网站 www. pep. cn

中华人民共和国教育部网站 www. moe. edu. cn

中国知网 www. cnki. net

中国教育科研网 www. cernet. edu. cn

美国联邦教育部网站 www. edu. gov

②机读检索。以中国人民大学图书馆的检索为例，主要的检索方法有：

第一种，快速查找馆藏论文及英文原版书。具体方法是：选择"快速检索"或"词组短语"检索方式→输入主题词→选择"主题"字段→点击"限制检索"按钮→选择"馆藏位置"等参数→点击"主题"字段按钮。

第二种，查找馆藏期刊。具体方法是：选择"复杂检索"方式→选择参数 serials→输入期刊题名→点击"检索目录"按钮。

第三种，查找馆藏丛书。具体做法是：选择"复杂检索"方式→选择参数 mono series→输入<u>丛书题名</u>→点击"检索目录"按钮。

第四种，主题检索。具体做法是：选择"快速检索"方式→点击"主题"按钮。

第五种，著者检索。具体做法是：中文著者姓名检索，可选择"快速检索"或"拼音检索"方式。英文著者姓名检索，可选择"快速检索"方式，然后输入著者姓、名或名、姓；另外，还可选用"词组短语"检索方式，输入著者姓、名。

第六种，题名（书名）检索。如果只记得部分题名（关键词），可选用"快速检索"方式；如果能记得准确题名，可选用"词组短语"检索方式。

为了准确迅速查找资料，在使用搜索引擎时要注意：

当需要寻找的关键词不止一个时，需按关键词的重要性顺序输入。在搜索时，为了提高准确度，可以利用布尔逻辑进行搜索。常用的布尔逻辑运算有三个连接词："and"、"or"和"not"。"and"意味着在题目或文章中必须同时出现所输入的两个关键词才符合检索条件，这样就增加了检索的专指性，使检索范围缩小；"or"意味着在题目或文章中只要出现所输入的关键词中的一个就可以了，它使检索范围变宽；"not"意味着在题目或文章中出现其中一个关键词，而不是另一个关键词时才符合检索条件，它可以排除不希望出现的检索词，提高检索的准确性。

2. 教育文献检索的过程

从搜集的众多文献中迅速、准确地查找出符合研究要求的文献，不仅是一个资料查找搜集的过程，同时也是一个分析和研究的过程。文献检索过程一般由三个步骤组成。

第一步，分析和准备阶段。包括分析研究课题，明确自己准备检索的课题要求与范围，确定课题检索标志，以确定所需文献的作者、文献类号、表达主题内容的词语和所属类目，进而选定检索工具，确定检索途径。

第二步，搜索阶段。搜索与所研究问题有关的文献，然后从中选择重要的和切实可用的资料分别按照适当顺序阅读，并以文章摘录、资料卡片、读书笔记等方式记录搜集材料。

第三步，加工阶段。要从搜集到的大量文献中摄取有用的情报资料，就必须对文献做一番去粗取精、去伪存真、由表及里的加工工作。主要包括：剔除假材料，去掉相互重复、较陈旧的过时的资料；从研究任务的观点评价资料的适用性，保留那些全面、完整、深刻和正确地阐明所要研究问题的一切有关资料，以及含有新观点、新材料的资料，对孤证材料要特别慎重；在资料数量和类型很多的情况下，应对这些资料进行分类编排，并编制题录索引或目录索引；对准备利用的文献资料，必须对其可靠性进行鉴别和评价，对那些不完全可靠的或有待进一步明确的资料，则不予采用。

3. 教育文献检索的方法

如何从大量的文献资料中全面迅速准确地查获自己科研课题所需文献呢？人类历史源远流长，各种教育资料浩如烟海，检索方法是否科学合理至关重要。文献检索方法是多种多样的，不同的方法有不同的特点和不同的适用范围。这里仅介绍几种基本方法。

（1）顺查法。按时间范围，以所检索课题研究的发生时间为检索始点，按事件发生、发展时序、由远及近、由旧到新的顺序查找，一般可以查全。查找时可以随时比较、筛选，查出的结果基本上反映事物发展的全貌。此法多用于范围较广泛、项目较复杂、所需文献较系统全面的研究课题以及学术文献的普查。

（2）逆查法（又称倒查法）。与顺查法正好相反，逆查法是由近及远、由新到旧的顺序查找。这种方法多用于新文献的搜集和新课题的研究，而这种课题大都是需要最近一个时期的论文、专著，不太关注历史渊源和全面系统、易漏检。

（3）引文查找法（又称跟踪法）。是以已掌握的文献中所列的引用文献、附录的参考文献作为线索，查找有关主题的文献。优点：文献涉及范围比较集中，获取文献资料方便迅速，并可不断扩大线索。这种回溯过程往往会找出有关研究领域中重要的、丰富的原始资料。缺点：查得的文献资料受原作者引用资料的局限性及主观随意性影响，资料往往比较杂乱，没有时代特点。因此，要注意文献的可靠性。

（4）综合查找法。将各种方法结合加以使用以达到检索目的。

（四）教育文献的利用及检索文献的要求

一般而言，检索和利用教育文献要遵循以下基本要求：

1. 文献检索和利用要有及时性

资料的搜集与整理，是时间性很强的工作。研究专题一经确定，即应立即着手资料搜集工作，甚至早在确定课题以前已先期进行资料搜集工作。很多资料往往转瞬即逝，时过境迁，再想搜集，事倍功半，甚至失而不得。资料到手，应尽快整理入档，避免遗忘或丢失。

2. 文献检索和利用要有全面性

无论横向还是纵向，要使占有的资料具有一定的广度。资料既要有一定数量，更要有一定质量、有典型意义。从效率观出发，争取以尽可能少的资料，包容尽可能多的内容，提高资料利用效率，为研究工作提供坚实的基础。

3. 文献检索和利用要有批判性

任何文献资料，都是一定社会条件下的产物，在不同程度上反映了撰写者的立场、观点和学识水平。因而，搜集材料和利用的过程，同时也应是一个判识材料的过程。教育科研工作伊始，就应该用分析批判的眼光，对已有材料的真伪正误进行鉴别，在这个基础上，认识它们的学术价值，以便在自己的研究中妥当加以运用。

4. 文献利用和检索要具有独创性

推动研究的因素，是资料中的独创性因素。这是每份资料的主要价值所在。独创性是指对问题的认识能力有新的水平。否则，全然重复性的资料，原无必要重新进入交流，只能增加阅读者的无谓的信息负担。

5. 平时注意文献的积累

研究者应养成不断学习、善于积累资料的好习惯。这些资料积累的方法包括做卡片、做摘要、札记、剪贴、编制自己的文摘、建立个人资料库等。积累文献一方面是梳理、增加自己某方面信息量的过程，同时，一旦在研究中需要，可以迅速找到准确的信息源。

思考题：

1. 问卷编制的基本步骤？问卷的基本结构？

2. 问卷调查法在实施中应注意哪些问题？设计一份教育调查问卷。

3. 访谈提纲设计要做好哪些准备工作，注意哪些问题？试就"中小学生课业负担问题"设计对中小学生的访谈提纲。

4. 观察的类型有哪些？

5. 结构式观察的具体形式有哪些？

6. 结合自己的教育研究，设计一份教育观察计划。

7. 运用教育观察法应注意哪些问题？

8. 简述教育个案研究法的意义与局限性。

9. 如何进行文献分析？

第四章 做好教育科研的十项基本功

本章提示

　　掌握并运用科学有效的教育研究方法是做好教育科研的重要环节，但并非全部。事实上，要想做好教育科研，教师就要全方位提升自己的科研能力。其中，一些教育科研的基本功是必须具备的，如发现教育问题的能力、选择科研课题的能力、教育反思的能力、如何申请课题并开展研究的能力等。本章将就中小学教师做好教育科研的十项基本功做一详解。

一、如何发现研究的问题

教育科研是一种运用科学的理论和方法，有目的、有计划地对教育领域中的现象和问题进行研究的认识活动。教育科研与其他科学研究一样，都是从发现问题和矛盾开始的。能否发现问题，能发现一个什么样的问题在某种程度上决定了科研的方向和最终取得成果的社会、经济、科学和学术价值。所以，在某种程度上可以说，发现问题比解决问题更重要。因此，教育科研活动主体的问题和研究意识就构成其研究素质的一个重要方面，它对教育科研活动的启动、顺利进行和取得较好的成果起着重要的作用。

当前，随着中小学教育教学改革的不断深入及对教师专业化水平要求的提升，教育科研"第一生产力"的作用在中小学日益凸显，广大教师对教育科研的意义有了理性判断，科研成果的数量大幅度增加。

例 4-1

据华东师范大学教育科学学院对全国 9 个省、直辖市、自治区各级各类中小学专任教师 11190 人进行的"全国中小学教师专业发展状况调查"显示：无论对教育政策制定者来说，还是对广大一线教师来说，都得承认，新课程改革实施以来，中小学的教科研活动已成了无法绕开的事实，它已在中小学的办学及教师的专业生活中深深扎根。这就意味着，要想改革基础教育领域的课程与教学现状，提升中小学教师的专业水平，就必须做好学校的教科研工作。应该承认，学校广泛开展的教科研活动确实在一定程度上促进了教师的专业发展，至少绝大多数教师已意识到了在教学之余，还必须定期参加学校组织的各类教科研活动。与此同时，学校的教科研活动及其相关制度与措施，也促使教师取得了一定的专业成就。如在被调查的教师中，大部分教师都有论文公开发表，超过四分之一的教师发表了四篇以上论文。再比如，积极从事教科研活动的教师更愿意在教学方式上突破传统的讲授法和练习法，而教科研活动相对缺少的教师则更依赖于传统的教学方式。①

科学研究的基点是对问题的发现。无论是进行自然科学研究，还是进行哲学社会科学研究都要以问题为中心。没有问题，就谈不上对问题的研究；没有对教育中存在问题的意识和觉醒，也就无从谈起教育科研的开展。但在学校现实教育教学实践中，我们发现，由于受多种因素影响，一些教师的"问题意识"比较淡薄，这在一定程度上阻碍了他们教育科研的进一步发展。没有问题和研究意识，当然就谈不上科研行为。

那么，到底是什么原因导致中小学教师"问题意识"淡薄呢？

（一）当前中小学教师"问题意识"淡薄的原因分析

1. 传统角色观念的束缚

和西方发达国家中小学教师作为专业人员、专家享受学术声誉相比，我国中小学教师专业化的程度是远远不够的，甚至在很大程度上，中小学教师职业至今没有被广泛视为一种专门职业。尤为不幸的是，受传统角色观念的影响，一些中小学教师自己也未将自己视为"专业技术人员"，没把自己的职业视为"专业"。他们觉得搞科研是专家学者的事，中小学教师只要搞好教学、带好班级就行了。长期以来，他们习惯于一种"述而不作"的工作方式，久而久之成了教书匠，在这个过程中也逐渐淹没了自己的问题与研究意识。尽管在每天的教育教学实践中他们会遇到大量

---

① 丁钢等. 中国中小学教师专业发展状况调查与政策分析报告［J］. 教育研究，2011（3）.

问题，并且很多问题具有研究价值，但由于这些老师的视而不见，这些问题就从他们眼前溜走了。

2. 应试教育模式的影响

由于受片面追求升学率和历史文化传统等诸多因素的影响，我国基础教育中应试的成分和特点比较突出。本应是师生交往、积极互动、共同提高和发展的教学过程被退化为一种教师灌注、学生接收的简单劳动；本应是丰富多彩、意蕴丰赡、充满创造性和个性化的教学过程被蜕化为一种模式化的工作。在这种程式化工作的影响下，一些中小学教师理论思维的兴趣被压抑，探索的热情和创造的火花也逐渐被浇灭。他们工作任务繁重，每天除了大量的教学和管理工作外，还要疲于应付各种检查、考试、评比……身心承受着巨大的社会压力，致使他们根本没心情、没时间、没精力思考和研究教育问题。从事教育科研只会进一步加重他们业已十分沉重的负担，所以，他们不得不放弃教育科研。

3. 教师劳动性质、特点的局限

中小学教师的劳动具有知识的再生产性和教学阶段的周期循环性等特点。知识的再生产性削弱了一些中小学教师创造的欲望和探索的精神；而教学阶段的周期循环性，使一些中小学教师的教学停留在一种周而复始、机械重复、低层次的周期更替中而得不到升华。久而久之，工作中的惯性使得他们对教学或管理中的问题产生迟钝感，看不到问题的价值所在，甚至眼里没有问题，更没有可研究的问题。

4. 功利性的科研动机

目前一些中小学教师搞科研并非出于自愿，而是被逼无奈或出于功利目的，一方面可能是为应付上级教育主管部门或学校下达的硬性指标，另一方面是为评职称、评先进凑条件——这种不是出于自愿的科研使得教师搞科研的内在动力不足，自然会影响到科研的质量，也影响到教师对教育问题的敏感度。

上述问题的存在使我们认识到，问题意识的培育不仅仅只是针对学生而言，在部分中小学教师身上也很迫切。尤其在当前新课程要求广大中小学教师成为直接的教育教学研究者的背景下，问题和研究意识的培育对中小学教师的专业成长和学校教育科研的开展就具有更重要的意义和作用了。所以，要唤醒教师的问题意识乃至科研意识。

（二）如何唤醒教师的"问题意识"

1. 要认识到教育科研对教师专业发展的重要性

心理学家斯滕豪斯在 1975 年就提出教师必须作为研究者才能实现专业化的观点；日本国际知名学者佐藤学在其力作《课程与教师》中首次将教师的形象由"技术熟练者"转型为"反思性实践者"，将教师的使命界定为"帮助学生在课程中获得解放，而不是让学生就范"；1999 年颁布的《中共中央国务院关于深化教育改革全面推进素质教育的决定》指出：教师要遵循规律，积极参与教学科研，在工作中勇于探索创新；2001 年发布的《国务院关于基础教育改革与发展的决定》也指出：广大教师要积极参加教学实验和教育科研。所有这些都在非常明确地向我们传达这样的信息：教师不仅是实践者，更是研究者，今天的教师有着教育者、学习者、研究者的多重身份。因为，教师成为研究者，具有促进教师自我发展的功能，是使得教师走向专业发展的必经之路；教师成为研究者，具有促进学生发展的功能，有助于学生走上全面发展的健康之路；教师成为研究者，具有促进学校发展的功能，有助于学校走上可持续发展之路。

所以，每位中小学教师都要认识到教育科研对自身专业成长的重要作用，认识到教育科研并非只是专家学者的专利，中小学教师同样可以搞科研，也必须要做科学研究。教师要坚定这样的信念：我要成为研究者，我必须成为研究者，我能够成为研究者，我要积极投身于教育科研活动中来。

2. 要使教师对教育问题产生内在的研究动机

唤醒教师的科研意识，就是要唤醒教师的问题意识、责任意识和成功意识，使教师产生内在的研究动机。为此，一方面使教师深刻认识到教育科研对自身的重要性，是教师个体专业发展的责任；另一方面可以通过创设教育科研的情境、有组织地开展教育科研活动、定期交流教育科研心得、展评和奖励教育科研成果等方式，让教师们尝到教育科研的甜头，激发他们的科研兴趣，使他们产生搞科研的内在动机。

3. 要培养教师的科研能力

教师认识到教育科研的意义并产生了内在的研究动机，还要有相应的科研能力。科研能力增强了，"问题意识"自然提高。提升教师的科研能力，可以通过以下方式：一是要通过讲解、自学、协助研究等手段，让教师掌握现代教育科研的基本理论与方法；二是吸收教师承担、参与课题研究来提高科研能力；三是要建立校本教研制度，形成团体研究的局面，使教师在教育教学实践中提高研究能力；四是教师要养成科研习惯。教师要真正成为研究者就必须由"要我研究"转变为"我要研究"，日积月累、持之以恒，科研习惯就形成了。

（三）教师研究的问题从何而来

对很多教师来说，搞教育科研遇到的最大困难就是不知道从何下手，找不到合适的研究课题。实际上，教师们要研究的课题俯拾即是，教师们在教育教学中遇到的问题就是要研究的课题。

1. 问题类型

中小学教师在实践中遇到的问题可以分为以下几种类型：

（1）直接性问题。就是明显存在，需要直接面对，又必须想办法加以解决的问题，如学生学业不良、学生纪律松散、学生抄袭作业、学生说谎等。这些问题在我们的日常教育教学中层出不穷，是看得见、摸得着的问题。这时，如果靠经验解决不了的话，就可以把这些问题作为课题进行研究。

如"学生抄袭作业现象"可以转化为课题"怎样养成学生独立完成作业习惯"；"学生合作意识淡薄"可以转化为课题"如何提高学生小组合作学习的效率"；"课堂纪律混乱"可以转化为课题"如何提高课堂教学效率"等。

（2）探索性问题。就是将教育理论、教育观念、教育成果转化为具体的教育实践活动时所遇到的问题。如启发式教学应该怎样操作，综合实践活动应该怎样搞，怎样培养学生课堂记忆的习惯，如何合理地、有效地、创造性地使用教材等。

（3）反思性问题。这是具有问题意识的教师，为改进自己的专业水平，通过对自己教学行为的回顾和检讨所发现的问题，如为什么会这样、应该做哪些调整和改进等。教育教学中的反思性问题比比皆是，如"学生成绩为什么会有较大波动"、"这节课应该做哪些调整和改进"、"上课回答问题的学生为什么总是那么几个"等，多问几个为什么，多想几个怎么办。

2. 教师课题从何产生

一线教师的研究不同于专业研究者，其研究工作是把日常教育教学过程中遇到的问题，及时梳理、筛选和提炼，使之成为一个课题，并展开扎实的研究。因此，其课题来源主要有以下一些途径：

（1）从教育教学困境中发现问题。教师在教学过程中常常会遇到各种各样的疑难、矛盾与困境，并且没有现成的成功解决方法可供借鉴，这时就可以将其作为研究的课题。教育教学中的疑难和困境比比皆是，如教师的教育理想与教育现实的差距，教学情境中教师与学生或学生与学生的目标之间的冲突，教师与学校领导、同事或学生家长存在不同甚至对立的看法，一些久惑不得其解的困扰等。

例4-2

一数学教师发现，有一些学生数学学习比较困难，每次考试分数都比较低。如何提高这些学生的成绩呢？教师最初让学生准备一个"错题本"，将"我做错的题目"和"我不会的题目"写在本上，让这些学困生记数学日记。借助数学日记这个平台，让学生复习当天所学的内容，总结学习中容易出错的地方；也可以把预习中出现的问题写下来，调动学习的积极性，提高学习成绩。坚持一段时间后这位教师发现，这个方法对一部分学生有一定效果，于是产生了"利用数学日记转化后进生个案的研究"。

（2）从教育反思中发现问题。教师的研究旨在发现自己的不足，追求完善，那么如何来寻找跨越点，就是勇于自我剖析、自我怀疑、自我反思。教师职业的特性决定了其特点是研究与反思，教师要从对先进的教育理念、教育的理想及价值与自己教育行为之间的差距不断进行反思，在不断自我反思中寻找实现跨越的研究主题。

例4-3

倪老师一直为自己"上课效果好，学生成绩好"而知足，但是，她渐渐地感觉到好像缺了些什么。接着便是一连串的疑问：当我满腔热情、一厢情愿地引导学生提问，而同学却没有问题意识该怎么办？当学生所提的问题超出了教材的范围，又该怎么办？教学的最大价值是什么？教师工作的最大的意义又在哪里？这些问题使她对自己的教学产生了怀疑。她走进了对教师自己教育教学行为及背后教育思想的不断反思中，她开始确立的主题为

"初中历史'质疑式'教学法的研究",她反问自己:"质疑式教学"究竟是为了改变自己的教学方式还是为了改进学生的学习行为?怎么理解或解释"质疑"?通过不断反思,她的立场从单纯地研究教转向研究学生的学。①

(3)从阅读中发现问题。虽然教师的研究课题应主要来源于教育教学实践,这并不是说因此就可以完全放弃对理论资料的占有、可以在"无阅读"的状态下做任何研究。实际上,占有一定数量的研究成果,研读、学习相关的理论文献,对教师来说是很有必要的,这是发现研究课题的另一个重要来源。如通过阅读专业文献、报纸杂志或课题指南,了解某一领域最新的研究动态,发现某类研究存在的缺陷或自己对某问题有不同见解,于是选择不同视角进行研究,或选择一个与他人类似甚至更具体、更深层次的问题进行研究。

(4)从同事之间的交流中发现问题。教师与持有不同理论观点的同事进行交流,可以为其提供一个相互冲突的对立面,为提出研究课题提供参照。不同观点之间的碰撞交锋有利于扩展研究的视角和视野。在争论的同时,只要选准角度,突出个性,就能发现需要研究和探索的问题,并通过对有关问题的深入思考,进一步将有关的问题发展为教育研究的课题。事实上,有不少教育研究课题正是通过这种途径发现的。

例4-4

在选择研究问题时,高老师想到了市教研员薛峰老师对她的评课指导。在课题立项前一学期的市教研室督导活动中,高老师在执教《朱德的扁担》时大胆设计了让学生对课文最后一节质疑的教学环节。但薛峰老师对此并不认同,他认为课中的整体感悟

---

① 郑慧琦,胡兴宏.教师成为研究者 [M].上海:上海教育出版社,2005.

填空其实就是课文的重点内容的提炼，可以直接以此为突破口让学生质疑，从而引出文中其他小节，不必再按顺序一节节学下去。当时，高琴老师深有感触，因为这番话触及了一个困扰她已久的疑惑：平时她总想着如何通过提高学生质疑问题的能力，以使他们真正成为学习的主人，但课堂上她常被学生提出的令人哭笑不得的问题牵着鼻子走，不能顺利完成教学计划。高老师虽曾查寻资料，但终究没找到有效可行的实施方法。通过对这一事件的回顾与反思，高琴老师明白薛峰老师其实给她指出了两大问题：其一，如何根据教材特点精心设计教学过程；其二，如何根据教材特点从整体上把握质疑点，构建质疑教学模式，在结构化引导中逐渐提升学生自主质疑能力。根据小学新课程标准，高老师觉得第二个问题更有研究的实践价值，不仅能解决自己当前突出的教学实际问题，而且能将培养学生质疑能力的新课程理念切实转化为自己的行为。于是，高老师选择第二个问题开展研究，并根据课题名称的四要素将问题转化成了课题——《构建小学中年级语文自主性质疑教学模式的实践研究》。[①]

由此可见，发现问题并不难，只要我们树立"问题即课题"的意识，这也是开展校本教研的前提。教师要按照切口要小、选题要准、研究要实的指导思想，从自身的需求出发，从一个个实际的教学实例出发，认真剖析自己的课堂教学行为，寻找课堂教学中存在的问题，做出自我诊断，然后在若干问题中筛选出自己最感兴趣的、迫切需要解决的问题作为课题。

二、如何做好科研选题

教育现象和过程纷繁复杂，存在的问题很多。这些问题反映了教育内部错综复杂的矛盾关系。但是也应看到，并非每一个矛

---

① 朱宏英. 研究课题选择三法 [J]. 计算机教与学，2007（11）.

盾都是有意义的科学问题，或者是适合研究者进一步探究的问题。所以，具有问题意识并发现问题之后，还要善于在纷繁复杂的问题中选出合适的问题作为自己的研究对象，这就需要做好科研选题。

（一）科研选题的意义

1. 课题可以反映研究的价值

教育科研的目的是要解决教育面临的各种问题。这些问题由于对教育的影响不同，在教育活动中所处的地位和作用不同，因而其价值体现也就不同。教育科研要选择有价值的问题作为研究对象。如果一个课题的研究缺乏理论和现实意义，对教育教学理论的丰富和实践的指导没有多大的积极作用，那么，即使做了大量研究，这样的课题也没有太大的意义。

2. 课题决定着研究的方向

课题是对研究对象、研究范畴、研究主题的界定，整个研究工作由此开始，并围绕其进行。如"小康农村地区初中学生流失原因及对策研究"，它指出了研究的对象是初中学生，其范围限于小康农村地区，目标是揭示出"流失原因"，并提出相应的对策。而整个研究方案的设计、实施、成果的鉴定，又都必须紧紧围绕课题进行。显然，课题明确，整个研究活动的方向就明确。

3. 课题对整个研究工作的进行起着制约作用

课题作为教育科学研究的起点，启动着整个教育研究的机制，制约着教育研究的进程和方式。在教育科研过程中，不同的研究课题、研究方法、研究工具等都不尽相同，资料的收集和利用也存在差异。如"现阶段中学生思想状况分析研究"与"中学生课外阅读指导研究"，两课题都需了解学生课外阅读情况，但前者应侧重于阅读内容的分析，后者侧重于阅读方法的研究，这是受到课题限制的表现。

课题的选择不仅对研究本身具有重要意义，而且对整个教育有着重要影响。总体上说，教育科研所要解决的主要是教育中的理论或实际问题，也就是说，教育实际是教育科研课题的源泉，选择什么样的课题往往受着教育现实发展的制约。只有贴近教育的实际、能够切实回答教育实际中的问题的研究才有价值。因而，课题选择得好，对教育改革和发展，对不断改进工作，对提高教育质量，都具有重要的促进作用。

（二）科研选题的原则

教育领域虽然广大，科研课题十分丰富，但要真正选择一个既有较高价值，又适合自己的研究实际、能够取得研究成果的课题并不容易。为保证研究的质量，教育科研课题的选择应该遵循以下一些基本原则：

1. 价值性原则

衡量选定的课题有无价值或价值的大小，主要有两方面的标准：其一是所选择的研究课题是否符合社会发展和教育事业发展的需要，是否有利于提高教育质量，是否能够促进学生的全面发展。这方面强调的是课题要具有重要的应用价值，选题范围要广，要从当前教育发展的实际出发，针对性要强，选取有代表性的、被广泛关注的、争论较大的亟须解决的问题。其二是所选择的研究课题是根据教育科学本身发展的需要，为检验、修正、创新和发展教育理论，建立科学的教育理论体系的需要。这方面课题具有重要的学术价值，在理论上要有所突破和建树，或有重要的补充和完善。一般来讲，课题兼具两方面价值，即既具有理论价值，又具有实践价值。无论哪一种，都要选择那些最有意义的教育问题作为研究对象。

2. 创新性原则

科学上的任何重大成果，几乎都是科学工作者在前人、他人工作成就的基础上一步步取得的，即使是被人认为非常新的、第一次开辟的新领域，也仍然是依赖前人或同时代的人的工作提供了条件。因此，要通过广泛深入地查阅文献资料和调查，搞清楚所要研究的课题在当前国内外的研究现状，即已经达到的水平和已经取得的成果，要了解是否有人已经或者正在或者将要研究类似的问题。如果要选择同一问题作为研究课题，就要对已有的工作进行认真审视，从理论本身的完备性和研究方法的科学性高度进行评判性分析，在此基础上，重新确定自己研究的着眼点。只有在原有研究成果基础上有所突破和创新，研究才具有意义。否则，重复别人的研究过程和成果，研究就失去了价值。所以，选定的问题应是前人未曾解决或尚未完全解决的问题。

3. 科学性原则

选题要具有科学性，首先表现在要有一定的事实依据，这是选题的实践基础。研究课题是从实践中产生的，具有很强的针对性；实践经验同时又为课题的形成提供一定的依据。选题的科学性，还表现在以教育科学基本原理为依据，这就是选题的理论基础。教育科学理论将对选题起到定向、规范、选择和解释作用。没有一定的科学理论依据，选定的课题必然起点低、盲目性大。应该看到，选题的实践基础和理论基础制约着选题的全过程，影响着选题的方向和水平。为了保证选题具有科学的现实性，还需要对选定的课题进行充分地论证。

4. 可行性原则

选题的可行性原则，是指只有具备一定主客观条件的教育科研选题才有预期成功的可能。课题选择必须充分考虑主客观条件，分析课题在实际研究过程中的切实可行性。从主观方面看，应分析自己的专业特长、知识基础、兴趣爱好、科研能力和经验、时间精力等；从客观方面看，应分析是否有必要的参考资料、经费、设备、时间，是否能得到领导的支持和各方面的配合等。

对于一线教师来说，选择课题应从实际出发，充分考虑自己的力量与研究课题的大小难易是否相称。总的来说，中小学教师选题宜小不宜大、宜易不宜难。课题大了，涉及的范围广、因素多、研究周期长；难度大了，由于涉及的变量复杂，对研究者的主客观要求高，如果研究者力不能及，就会半途而废。小的课题，涉及范围小、变量少，对研究者的主客观条件要求相对低一些，容易出成果。而且由于课题目标集中，能较深入地解决一两个理论或实践问题，其价值也可能是很大的。尤其是初步涉足教育研究领域的人，更应该选择那些范围较窄、内容较具体、难度较低的课题，特别是紧密结合自己的教育教学实际，有可利用的条件、成果，能直接应用于自己实践的课题。以后，随着经验的不断积累、科研能力的不断提高、科研视野的不断扩展，再选择一些难度较大或综合性较强的课题。

（三）科研选题的一般步骤

课题的选择是一个比较困难的过程，要经历一个从产生研究动机到选定研究方向，从对研究问题朦胧认识到逐渐清晰，从有初步的研究构想到确立研究问题以及明确研究目标的过程。一般来讲，选题要按以下步骤进行。

1. 调查研究，提出问题

一个研究课题的确定，往往是在教学实践中，受某一教育现象的触发，产生研究的冲动，或者阅读教育理论书籍、教育杂志、报纸及教育文献资料时受到启发，产生联想，萌生教育科研意向。因此，一开始往往拿不定主意，会对几个研究方向都感兴趣，这时就需要进行深入细致的调查研究，了解有关课题发展史实、课题研究水平与今后发展趋势。对于一线教师来说，调查研究的方法主要是查阅资料、现场调查和专家咨询三种。通过查阅资料可以考察、论证所选择的课题是否有研究价值，吸收与消化有关领域内其他人的研究成果，了解他们研究达到的程度以及目前研究动态，了解别人成功或失败的经验教训，供自己比较和参考，避免或少走弯路；通过现场调查有利于发现问题与形成课题；通过咨询专家可以从中受到启发，取得借鉴，有时要反复听取各方面的意见达到集思广益的目的。

2. 资料的分析与综合

对调查所得的大量资料要进行归纳整理、分析综合。第一步要去伪存真，保留其中真实可靠的材料；第二步要分析各种材料之间的相互关系，找出内在联系和问题所在；第三步对收集的问题进行筛选；第四步提出课题或项目。

3. 提出课题的设想与设计

在调查研究与资料分析综合的基础上，首先，要确定课题的名称。其次，要明确课题的研究目的和意义，阐明研究课题要解决的问题、预期达到的目标以及课题的国内（或地区）研究水平和动向。再次，提出研究所采用的方法、途径、步骤及所需的经费、设备、手段等。

4. 预实验或预调查

对一些综合性的、重大的、研究因素比较复杂、探索性比较强的教育实验研究课题，往往需要进行预实验或预调查。通过模拟研究，对提出的研究目标以及采用的方法、途径、研究内容进行初步的论证。

以上这四个步骤，又可统称为开题论证。

5. 课题确立

课题选定后，研究者向有关教育科研管理部门或教育行政部门提出"教育科研课题（项目）申报表"，申报表的内容有：

（1）课题名称、研究类别、研究起止时间。其中研究类别一般指基础理论研究、应用研究等。

（2）课题研究的负责人、参加者、承担单位以及合作或协作的单位与分工。

（3）课题研究的目的、意义及国内外研究水平和发展趋势。

（4）研究的内容和采用的方法、途径、手段。

（5）预期的效果、成果的形式与去向。

（6）研究的基础和准备情况。

（7）研究的步骤。

（8）经费估算与来源。

（9）课题负责人所在单位的意见。

（10）审批单位的意见。

填写时一定要实事求是，条理清晰，文理通顺，简要明白。

需要指出的是，研究者选定课题，不论是上报有关管理部门还是自行研究，都应该遵循选题的基本原则与步骤，都要重视开题论证，以提高研究的科学性，有助于获得研究预期成果。

（四）科研选题中需要注意的问题

1. 切忌求大求全

造成选题范围宽泛的原因有几个方面，其一是认为选题越大，价值越大；其二是认为课题选得越大，可研究的内容与可参考的资料越丰富；其三是对问题把握、分解不够，不能清晰地把自己要研究的问题从大问题中剥离出来，没有搞清楚研究问题的内涵、外延，只好将笼统的大问题当做自己的研究课题。所以，选题过程中一定要使研究问题明确化，通过对研究问题进行某种界定，给予明确的陈述，以达到将最初头脑中比较含糊的想法，变成清楚明确的研究问题；将最初比较笼统、比较宽泛的研究范围或领域，变成特定领域中的特定现实或特定问题的目的。

如"我国不同类型学校校园文化建设研究"这一课题，研究的范围涉及全国不同类型的学校，地域范围也过大，可缩小为"××地区农村初级中学校园文化建设研究"。此外，教师还可以考虑聚焦研究问题的核心。如对于"××地区农村初级中学校园文化建设研究"，如果研究人数有限、时间不长，缩小后这个问题仍然宽泛，因为"校园文化"包含的因素太多了，有显性的物质环境、规章制度，也有隐性的校风、教风、学风等，教师如果觉得无法深入研究这样复杂的问题，可以取其中某个要素进行研究。因此，可把它缩小为"××地区农村初级中学教师教学风格的调查研究"、"××地区农村初级中学课堂中师生关系研究"等。这就是根据教育实际，对研究问题进行聚焦。

2. 切忌脱离实际

选题环节的最大误区是脱离实际。怎样选题，选择什么样的课题，根本点在于联系实际，一切从实际出发。联系实际一是联系教育、教学实际，二是联系研究者自身实际，充分考虑研究者自身的研究实力和客观条件。在教育科学研究中，无论是基础理论研究还是应用研究，宏观研究还是微观研究，都是必要的。但对于工作在教育实践第一线的广大教师来说，一方面是实践经验丰富并能保持与教育对象的直接联系，这是优势，但另一方面也存在着不利之处，即教育教学任务繁重，难以有大量的时间与精力从事科研。这就需要扬长避短，选择那些与实践联系较密切的应用性课题、微观课题进行研究。这样既可以提高本职工作的质量，又较容易获得成功。

3. 切忌一味地追新逐热

选题应遵循创新性原则，聚焦教育热点，但如果选题过程中不顾自己研究的特长，甚至不顾研究的客观实际条件，一味追新逐热，什么时髦研究什么，恐怕不会取得好的研究效果。热点问题、焦点问题固然有研究价值，但长期存在于中小学教育教学领域中的教师们几乎每天都要面对的问题，依然具有研究意义，后进生的转化问题，班集体建设的问题，提升课堂教学质量的问题，学生心理健康教育问题，教师专业成长的问题等。这些问题与教师日常工作密切相关，研究起来实实在在，有抓手，有方向，有条件，以小见大，小题大做，既可以发挥教师的特长，又可以使研究成果很快指导自己的教育实践，解决教育过程中的难题，一举多得。

三、如何做好教育统计分析

（一）教育统计的重要性

2010 年 10 月 20 日是第一个"世界统计日"。毫无疑问，统计的重要作用已经在全球范围得到承认。谷歌首席经济学家哈尔·瓦里安曾说统计师将是"未来十年的热门职业"。统计的重要性在全球化和信息村时代日益重要。因为谁掌握信息，谁就掌握了主动权。

教育统计是研究如何收集、整理、分析由教育调查和教育实验等途径所获得的数字资料，并以此为依据进行科学推断，揭示蕴含在教育现象中的客观规律，从而提高教育教学工作的科学性及其效率。教育统计及其分析结论是教育发展的决策依据，同时也是国家办学的预普、评价、监督、调节体系。统计作为一种认识教育教学活动及其规律的工具，它是教育发展与学校管理中不可缺少的重要手段。

从教育发展战略与改革部署的角度分析，教育统计具有三个基本性质：

第一，基础性。现代教育与经济社会发展与个人发展紧密相连，要把握教育发展的规模、进度以及变革方向，需要依据高度的信息化、数字化进行决策。这包括宏观的国家教育发展战略与决策，也包括微观的不同层级教育机构组织、学校和从事教育的个体，都需要通过教育统计提供相应的判断和做出相应的改革行动。

第二，服务性。教育统计不是为了积累不同数据，而是通过获取不同层面的教育发展现状，为教育数据库、数据平台和数据流通服务，从而通过教育统计来指导教育实践与提升教育理论。

第三，系统性。教育统计系统性，主要是指教育数据的全局性和全面性。如教师开展的教育统计，就包括学科内容、学科教学方法、学科前沿观点、所在班级学生的数量、学生成绩水平、学生家长信息、临近学校甚至区域的相关联信息的数据和信息，从而把握教育教学改革节奏、重点和难点问题。

从学校和教师提升教育教学质量层面分析，教育统计具有以下几个特征：

第一，效益性。在学校发展和资金投入中利用中小学校办学指标体系和统计结果进行比较，学校领导可依此决策把有限、紧张的资金投入到学校急需且关乎学校办学质量、关系学校发展的项目中。

第二，引导性。在教学和教学管理中利用统计工具，可以分析产生教学质量问题的原因，找出提高教学和教学管理质量的一些方法和策略。如在学校管理和改革中从学科建设到课程建设，从教师管理到学生管理，从理论教学到实践教学，从试卷管理到成绩管理，每一个管理环节都要涉及数量。把教育统计方法与教学管理融为一体，建立合理的教学质量评估、评价体系，开展各种类型的教学质量评估、评价活动，对教学管理起鉴定、诊断、反馈、监督、激励等作用。譬如：（1）用统计图表对学生学习态度进行调查和分析；（2）用标准差对学生考试成绩进行分析，用来反映学生间考试的个体差异；（3）用差异系数分析学生生源与其他学校之间的相对差异和绝对差异，以便科学、合理地安排配置不同年级的教师资源和开发相应的校本课程。

（二）教育统计的主要方法

统计的主要方法主要是依据统计的数据及其实现目标来选择。依据数据来源划分，可分为点式数据和测量数据。

（1）点计数据，指计算个数所获得的数据。如教师人数、班级数、近视人数等；

（2）测量数据，指用一定的工具或标准测量所获得的数据。如身高、智商、完成作业的时间、学科成绩等。

统计的基本方法：

1. 集中量（平均指标）

集中量是反映一组数据的集中程度或典型水平的特征。它能反映一组数据的分布中大量数据向某一点集中的情况。

集中量有算术平均数、中位数、众数、加权平均数、几何平均数和调和平均数。最常用的是算术平均数。

算术平均数是全部数据的算术平均，又称均值，符号为 M（Mean）。算术平均数是集中趋势作主要的测度值，在统计学中具有重要地位，是进行统计分析和统计推断的基础。它主要适用于数值型数据，但不适用品质数据。根据表现形式的不同，算术平均数有不同的计算形势和计算公式。

简单算术平均数主要用于未分组的原始数据。设一组数据为 X_1，X_2，$\cdots$，X_N，简单的算术平均数的计算公式为：

- 平均数：

$$\overline{X} = \frac{X_1 + X_2 + \cdots + X_N}{N} = \frac{\sum\limits_{I=1}^{N} X_I}{N}$$

2. 差异量（差异指标）

差异量是表示一组数据变异程度或离散程度的一类特征量。差异量越大，说明数据分布的范围越广，分布越不整齐；差异量越小，说明数据变动范围越小，分布就越集中。其常用方法主要有全距、方差、标准差和差异系数。

全距是一组数据中的最大值与最小值之差，又称极差。用 R 表示。

方差是一组数据离差平方的算术平均数，即方差可由离差的平方和除以数据个数所得。（离差是指一组数据中的各个数据与该组数据算术平均数之差）

标准差是方差的算术平方根。

- 标准差

$$\sigma_X = \sqrt{\frac{\sum (X - \bar{X})^2}{N}}$$

相对差异量（差异系数）是指一组数据的标准差与算术平均数的百分比。它是没有单位的相对数。用 CV 表示差异系数，计算公式为：

- 差异系数：

$$CV = \frac{\sigma_X}{\bar{X}} \times 100\%$$

差异系数越大，则该组数据内部的差异程度就越大，反之，差异程度就越小。因此，我们可以通过计算两组数据差异系数的大小来比较差异程度的大小。

3. 相关量（相关系数）

相关关系是两个变量之间的不确定关系，它反映的是变量之间的不十分严格，但却存在的依存关系。它能反映偶然现象的规律性，是一种大概如此但非绝对如此的关系，它不能用精确的数学表达式来表达。

- 极差相关系数：

$$r_{XY} = \frac{\sum (X - \bar{X})(Y - \bar{Y})}{N\sigma_X\sigma_Y}$$

$$r = \frac{\sum XY - (X)(Y)/N}{\sqrt{\sum X^2 - (\sum X)^2/N} \cdot \sqrt{\sum Y^2 - (\bar{Z}Y)^2/N}}$$

以等级次序排列或以等级次序表示的变量之间的相关Spearman 二列等级相关：

- 等级相关系数：

$$r_R = 1 - \frac{6\sum D^2}{N(N^2 - 1)}$$

（N 不一定必须大于30）

（三）如何开展教育统计

1. 确立教育统计思想

我国基础教育进入深化改革阶段，注重从规模发展向优质教育发展转变。学校和教师需要依据社会发展和学生发展需要，重视新课程教材的内容，强化通过教育统计的方法开展各项调研，渗透到教育教学的全程之中。教师不仅需要自身树立统计思想，用数据说话，而且要引导学生统计思维和统计思想的发展，引导学生用事实和数据进行佐证和开展学习，掌握一些简单的统计手段。

2. 重视统计图绘制

中小学阶段学生的直观形象思维处于发展的最佳时机，教师运用简单、形象的统计图更有利于教学方法的改进。同时，教师通过数据绘制统计图，不仅可以迅速发现学生存在的各种问题，而且能快捷地找到解决学生学习过程中疑难问题的手段和方式。

3. 强化统计数据分析

新课程标准推广之后，在数学教学过程中要求学生理解数据的收集、整理和分析的过程，逐步看懂并解释简单的统计图表。中小学生初步掌握数据收集、整理、描述和分析的方法，使学生逐步形成统计的观念。通过统计的学习，帮助学生认识人、自然和社会，在面对大量数据时能作出较合理的决策，形成数学分析的意识，提高解决问题的能力。实际上，除了数学学科，其他学科的教师关于新课标的理解，以及在教育教学实践中检验教学效果，都必须通过统计数据来揭示和发现问题。

4. 开展教育统计步骤

（1）明确数据来源。数据来源主要基于两种方式：

第一，直接收集的数据，如教师队伍数量、学生人数、学生分数等；

第二，源于测试的数据，如学生的学习行为和态度、学生接受课程知识的多少、学生兴趣爱好等，通过编制问卷，然后统计获取的数据。

（2）分析数据。在上述基础上获得数据，教师将其输入 EX-CEL 或 SPSS 软件，根据需要将数据进行分类，通过 EXCEL 或 SPSS 软件分析基于数据反映的客观现实。

（3）形成班级数据库。通过不同学期与不同班级的数据分析，分类形成学校教学和管理的数据库，为不同年级的学科教师、学校领导者和学生及其家长提供数据分析，形成简单易行的操作方案。

（4）借助数据提升教育教学质量。教师长期积累的数据，作为学校领导者发展学校的依据、教师提升业务水平的参照物、学生改变学习思想和行为的基点，充分发挥学校教师开展的教育统计数据的服务功能。

四、如何做好教育反思

（一）教师教育反思的意义

教育反思是指教师以体会、感想、启示等形式对自己的教育教学行为进行的批判性思考。它不同于教育日志、教育叙事的一般性记录和白描式写作，也不像教育案例研究有明确的问题发现、分析、解决线索，而是在记录教育事实基础上所进行的思考和判断。这种形式在教师的教育研究中占大量比例，尤其在教育研究的初期。

教师为什么要进行教育反思？英国哲学家洛克认为，反思是知识的来源之一。也正是因为思考，成就了魏书生、于永正、李吉林、支玉恒、窦桂梅等一代名师。考尔德希德说："成功的、有效率的教师倾向于主动地、创造性地反思他们事业中的重要事情，包括他们的教育目的、课堂环境，以及他们自己的职业能力，反思被广泛地看作教师职业发展的决定性因素。"

例4-5

李镇西老师对反思的意义诠释得非常好，他说：同样两个大学毕业生分到学校工作，同样兢兢业业地上班；三年后，其中一个无甚进步，最多就是所教学生考上了高一级学校，而另一位教师却硕果累累，什么原因呢？原因就在于，前者每一天的兢兢业业都是盲目而麻木地工作，他表面上工作了三年，其实只工作了一天，因为他每天都在重复昨天的故事，而后者则的的确确工作了三年，他每一天都带着一颗会思考的大脑在工作。这就是我说的反思型教师。所谓反思型教师，通俗地说，就是带着一颗会思考的大脑从事每天平凡工作的教师，就是通过思考、解剖自己日常教育实践不断超越和提升自己教育境界的教师。必须强调的是，在这里所说的"反思型教师"之"反思"绝不仅仅是"想"，而是一种教育的状态，就是不断调整、改进、提升自己教育品质的行为。具体地说，即"四个不停"：不停地实践，不停地阅读，不停地写作，不停地思考。当然，这四点绝不是互相分离的，在反思型教师的日常生活和工作中，不停地实践、不停地阅读、不停地写作、不停地思考，完全是融为一体的。其中，思考贯穿于教育全过程中的每一个环节。可以说，一个教师是感性的实践者还是理性的研究者，其根本区别在于他能否对自己的教育教学行为进行持续不断的反思。①

美国心理学家波斯纳提出了教师成长的公式：成长 = 经验 + 反思。相反，如果一个教师仅仅满足于获得经验而不对经验进行深入思考，那么，即使他有几十年的教学经验，也许只是一年工作的几十次重复。除非善于从经验反思中吸取教益，否则就不可能有什么改进。他永远只能停留在一个新手型教师的水准上。反思是教师积极探究心态的表现，它可以使教师重新找回失去的自我，不唯书，不唯上，不唯专家，相信自己才是处理自己的问题的专家。在日常工作中，我们没有意识到的教学行为和没有深思的教育理念，在反思的过程中，能在理论的水平上有深层的认识，使教师隐藏在自己心中的教育思想得以激活。反思是连接教师自身经验与教学行为的桥梁，有些教师工作几十年，没什么长进，不在于他没经验，重要的是他不善于反思，不善于总结经验。

对探索者而言，反思是一盏明灯，反思能引导教师避免陷入教条和僵化。

例 4 - 6

龚春燕，特级教师，重庆市政协委员，重庆市教科院教育发展研究所所长，重庆市创新学习中心主任，全国学习科学研究会会长，联合国教科文组织"创新学习研究与实践"项目主持人。他在谈起自己的成功经验时这样说："工作 21 年来，我坚持每天晚上反思一下当天的工作，并且把所思、所感、所得记下来。日积月累，形成了很珍贵的原始素材，多次整理，写了不少的文

① 李镇西. 做最好的教师［CD］. 北京：东方音像电子出版社，2011.

章。"他还笃信孔子的教导:"学而不思则罔,思而不学则殆。"他总是将思考与读书结合起来,他读书,不是简单地了解别人的观点和见解,还运用思考把人家的观点融会于心,变成自己的。

从上例我们看出:反思需要持续不断,将思考变成一种习惯,弥漫于自己日常的教育教学工作之中。只有深入思考,才能透过现象看到本质。当教师把反思的过程和结果忠实记录下来,就成为研究成果的表达形式,在教师研究中被广泛应用。

(二)教育反思的类型

教育反思运用范围广泛、形式多样,在日常教育教学行为研究中,至少有以下几种不同的类型。

1. 专题反思与整体反思

专题反思有着明确的问题取向,常常围绕一个特定的问题进行多方面的思考,这种反思目标明确,针对性强,分析也相对较为深入。在教育教学中,可选择作为反思对象的专题是很多的。如从教学各因素来看,可以是教育任务的完成程度,或是教学内容确定的适宜程度,或是教学策略选择的得当程度等;从教学实施的具体要求来看,可以是教学与学生生活实际相联系的程度,也可以是学生自主支配时间和空间的程度,还可以是信息技术与学科教学整合的程度等。凡是教育教学中存在的问题,几乎都可以成为专题反思的对象。

例 4 - 7

一位语文教师围绕学生与文本的互动对自己的教学进行了如下反思:

阅读过程中,学生首先与文本进行对话(即解读作品字面意思的过程),通过与文本的对话,达到与作者心灵的对话的目的。但学生的认识毕竟有限,很难达到深度阅读的程度。因此在学生探究文本时，教师应适时给学生提供帮助和引导。如在教学《白杨》一课时，由于课文的寓意深刻，离学生的生活实际较远，学生理解白杨树的生命力强已属不易，再深一层去领会边疆建设者那种服从祖国的需要、扎根边疆的精神就更不易了。这时教师就必须设法在教材和学生之间架设起一座桥梁，使教材"走向"学生。为此我做了这样的尝试：在教学"火车窗外是茫茫的大戈壁……也并不那么分得清晰，都是浑黄一体"一段时，让学生自己找出重点句子或重点词语去体会大戈壁的特点，结果学生纷纷道出了大戈壁的荒凉及其环境的恶劣，甚至有个学生在谈及自己的感受时说："假如前面有一个火坑，我宁愿往火坑里跳，也不愿前往大壁，因为戈壁滩是那样的无边无际，苦海无边啊！"当然这一说法当即就遭到了大部分同学的反对，但是我借此观点，让学生自己再去课文中找出描写白杨的句子读一读，并对比刚才的观点体会，说说自己对白杨、对边疆建设者有什么看法。就这样找到了教材和学生的联结点，学生在主动探究教材中很快地领会了文章的内涵和主题：白杨的坚强以及边疆建设者献身边疆、扎根边疆的伟大精神。很显然在这样的过程中，学生的阅读理解能力也在无形中得到了培养。①

上述反思，教师以学生与文本互动为主题，围绕新课程标准提出的学生是探究者，阅读教学的本身也是一个主动探究的过程，阅读是学生的个性化行为，不应以教师的分析来代替学生的阅读实践这一基本主张进行的。

整体反思常常不把反思的对象集中在教育教学的某一个具体问题上，而是总体把握教育教学各方面的行为，就其中突出的问题进行思考。如一堂课后，教师可以分析自己教学中的以下行为：（1）这堂课是否达到了预期的教学目标？如果说达到了，标

---

① 郑金洲. 教师如何做研究［M］. 上海：华东师范大学出版社，2007.

志是什么？如果说没有达到，标志又是什么？（2）这堂课在哪些方面是成功的？在哪些方面还可以进一步改进？后续教学有什么打算？（3）这堂课的教学设计与实际教学行为有哪些差距？我在课上是如何处理这些差距的？处理的方法是否恰当？（4）这堂课上发生了哪些令我印象至深的事件？这些事件对我来说意味着什么？我以后需要关注什么？

这些行为涉及教学的各个方面，虽然缺乏专题反思的针对性，但可以对自己的教育教学有较为完整的认识，有利于改进日后的教育教学行为。

2. 即时反思与延迟反思

即时反思是教师在教育教学活动结束后立即对活动过程中的现象、问题或活动的成效等进行的反思。这种反思紧跟教育教学活动进行，反思者可详尽地回想活动的场景等细节，对活动本身作出分析和评判。

例4-8

汉语拼音教学课上，学生正听得起劲，家长们也坐在教室里面带笑容地听着。学生小明，今天好像患了多动症，当他家长出去后，一直没坐住的他，竟然在地上爬开了。我将他扶到座位上，并没有因他而停止讲课。谁知，他在众目睽睽下，又跑到窗边玩开了暖气管。我努力克制着自己，讲课依然进行。可当我问"同学们想一想，生活中，在哪里还发现过字母 M 的形状"时，没等同学们回答，他就蹦出一句话，让我哭笑不得："小玉的脑袋就像 M。"同学们哈哈大笑。他一看有人响应，更加得意，笑得更欢了。就在这一二秒钟的时间里，我想：绝不能斥责他，也许他说的有道理呢！于是，我顺着他的目光向前面的女生望去，突然，我发现小玉梳着两个长长的辫子，竖在两耳上方，两个小辫子中间分的印，正是字母 M 的形状。于是我把小玉叫到前面，让她背对同学，请大家观察："你们看，小明观察得还真仔细，他在这里发现了字母 M，你们看到了吗？"同学们观察了一会儿，也真的找出了 M。于是我说："小明，你不仅认真想问题了，而且还能认真观察身边的人，发现了别人没有发现的知识，请你快回到座位上，我们要为你鼓掌。"在同学和家长的注视下他回到了座位上，听课也认真起来。①

上述事例展现的是一位教师及时发现课堂上学生出现的问题并运用教育机智妥善加以解决的过程。教师在课后及时将这个解决问题的过程运用反思的形式加以研究，既是对自己教学管理有效经验的总结，也便于与同行切磋交流。

有的时候，教师可能由于这样或那样的原因不是马上对课堂或其他教育情景中的事件作出系统思考，而是在以后结合其他教育事实对其进行综合性的批判性分析，这种反思因其反思时间的滞后，可以称为延迟反思。

例 4-9

在教学过程中，我逐渐发现这样一种现象：学生年级越高，举手回答问题的就越少，进入高中后几乎没有学生主动举手回答问题了。在这种情况下，我在课堂上常常无奈地采取"点将式"、"火车式"等方式提问，这更加重了学生回答问题的逆反心理。一些学生承认自己有心理障碍，手就是举不起来。那么，如何改变这一现实，激发学生的学习积极性呢？

围绕这一问题，我结合新课程的学习认为学生在课堂上应该享有一定的权利。首先，他们应该有犯错误的权利。在以前的课堂提问中，我一般都比较重视纠正学生的错误，忽视了学生所应

---

① 教育科学研究，2004（1）.

享有的犯错误的权利。其次，学生有自由选择的权利，即有选择回答教师提问的权利，对于自己不感兴趣的问题他可以不回答或拒绝回答。而在以前的课堂教学中，对于我的提问，学生是没有这样的选择权的。再次，学生应该有评价权。过去学生回答问题主要是由我进行评价，而作为主体的学生是没有评价权的。这种不合理的状况亟待改变。①

这位教师的反思不是在事件发生后马上作出的，甚至不是针对某个具体的教育事件的，这种事后反思常常是汇总多个类似的事件后综合分析得出的，是对不同事件相同意义的挖掘和整理。

3. 课前反思、课中反思和课后反思

反思可以贯穿于教学的全过程，体现在教育活动的始终。

在课堂教学的实施中，既可以在备课时思考是否遇到什么困惑，是否对教材进行了二次开发，对学生实际需求的估计是否合理，是否为学生创设了实际支配的时间和空间，教学能否联系社会生活实际，实现知识与态度相统一，过程与方法相统一，这样的反思即是课前反思。课前反思具有前瞻性。

例 4 - 10

受益匪浅的课前反思②

凡执教者均知，课后一定要反思。是的，我也是这么做的。但是课前反思更是十分必要的。

一个周日的晚饭前，我习惯性地翻翻即将要讲授的教案。就要上语音课了，这些音素是那么的枯燥无味，怎样才能使这些枯燥无味的东西变得有趣呢？想着想着，连正在吃的饭菜也觉得无

---

① 郑金洲. 教师如何做研究 [M]. 上海：华东师范大学出版社，2007.

② 钟金峰. 受益匪浅的课前反思 [J]. 中学教学参考（上旬），2010（1）.

味了，这时女儿递给我一个酸辣椒，我顿时胃口大开。啊，音素教学是否也可加一两个"酸辣椒"？

一种设想在我脑海里形成，于是：

一、我收集第一、第二模块学生已基本掌握的字母和单词

Ee[i:] Bb[bi:] Cc[ci:] Dd[di:] Gg[dʒi:] Pp[pi:]
Tt[ti:] Vv[vi:]

Ff[ef] Ll[el] Mm[em] Nn[en] Ss[es] Xx[eks] Zz[zed]

Aa[ei] Jj[dʒei] Kk[kei] Hh[eitʃ]

Uu[ju:] Qq[kju:] Ww[ˈdblju:]

Ii[ai] Yy[wai] Oo[u] Rr[a:]

toilet[ˈtɔɪlɪt] office[ˈɔfɪs] girl[gə:l]

hat[het] this[θis] thanks[θæŋks]

how[hau] morning[ˈmɔrnɪŋ]等。

中学生们已认识了 17 个元音音素：

/i:/,/i/,/e/,/æ/,/ɑ:/,/ɔ/,/ɔ:/,/u:/,/u/,/ei/,/ai/,/a:/,/ʌ/,/au/,/iə/,/ɛə/,/və/

认识了 19 个辅音音素：

/p/,/t/,/k/,/f/,/θ/,/s/,/ʃ/,/h/,/b/,/d/,/g/,/v/,/ð/,/z/,/ʒ/,/r/,/m/,/n/,/l/

二、给学生一块甜甜的糖

过去是老师教学生，今天换成学生教老师。看谁是这节课中最好的老师（即利用学生已熟悉的汉语拼音优势，融入英语拼读中）。

三、一定先提醒学生

①英文中的元音音素相当于汉语拼音的"韵母"，而英文中的辅音音素就相当于汉语拼音的"声母"。

②汉语拼音有"四调"，但英语只有重读音和非重读音。而且双音节以上才标，如[ti:t]。

③元音音素在前，辅音音素在后时，与汉语的朗读课文一样。(即按顺序读：我们一起……)

④辅音音素在前，元音音素在后时，与汉语拼音一样。(即拼读，取中间音，如[uld]。)

四、引导学生拼读

①[hau duːjuː spel jː neim]

→How do you spell your name?

②[ˈhel θis iz fei fei]

→Hello, this is Feifei.

③[hiː iz mai bˈrΛθ]

→He is my brother.

……

经尝试，结果收效比我的预想还好得多。从此，课前反思便成了我的教学手段之一。我常带着以下问题进行课前反思：

①预计这节课学生能掌握所授知识的百分比，是否还有更佳的方法、手段。

②设计的时间是否科学（不能赶课，也不能浪费时间，而且学生要消化良好）。

③例题、作业的质、量是否合理（既要温故，又要知新；既要照顾大部分，又要兼顾两头）；是否与其他学科有冲突……

我觉得，课前能对自己即将讲授的教案进行多次反思，对自己的教学很有帮助：

①学生能用小学的知识来解决初中的难点，激发了学生学英语的兴趣，更重要的是赶跑了学生学习英语的害怕的心理。（老师没有教，我自己也会拼、会读，初一第一学期的学生，竟能拼读初二、初三阶段更难的单词了）

②增强了学生学习的信心，从而他们会更自觉地去尝试——培养了学生的能力。

③学生会自己拼读，以后的语音会更准确，对提高学生听力水平有很大帮助。

……

总之，课前反思有百益而无一害。

课中反思是在上课过程中思考学生在课堂上实际参与的热情与程度如何，师生或生生互动是否积极有效，课上是否发生了意想不到的事情，如何利用课中的资源改变原有的教学设计进程等。课堂教学是一个复杂、动态的过程，教学中出现的情况往往出人意料，具有挑战性，这就需要教师具有较强的应变能力，及时反思自己的教学行为，时刻关注学生的学习过程，关注所使用的教学方法和手段，善于捕捉教学中的灵感，及时调整教学策略，顺应学生发展的需要，以达到最佳的教学效果。课中反思具有监控性，能使教学高质量、高效率地进行，有助于提高教师的教学调控和应变能力。

例 4-11

一位教师在教学 100 以内的数的认识时，让学生学会数 100 以内的数。备课时他设计了学生个别数这一环节，但是在教学时发现当个别学生数数时，其余学生注意力易分散，他在教学中及时改变了学习方法，采用了"开火车数 0-20"，男、女分组数 21-40、41-60，集体数 81-100，学生的注意力高度集中，课堂学习的气氛也相当地活跃。又如在"圆的认识"这节课中，在理解半径与直径的关系，让学生填空在同一圆中，半径的长度是直径的一半或 1/2 时，发现学生有一定的困难，于是老师采用了用具体数字代入算一算再得出结论的方法。从具体到抽象，符合学生的学习规律，教师的课中反思及时解决了课堂中的问题，赢得了好的教学效果。

课后反思是在上课之后思考课堂教学效果如何，存在哪些需要进一步改进的问题，有哪些需要关注的地方或有什么困惑，课堂上的一些事件对日后的教学有何意义等。课后反思具有批判性，能使教学经验理论化，并有助于提高教师的教学总结能力和评价能力。

例 4 - 12

《秋天的雨》是一篇抒情散文，课文以秋雨为线索，将秋天的众多景物巧妙地串起来，从整体上带出一个美丽、丰收、快乐的秋天。根据教材特点，教学中，我以一个"美"字贯穿整堂课。通过多种形式的朗读、品读课文感受语言美。通过扩展活动，引导学生联系生活去发现美。

我认为这节课，较成功之处是重点落实得较好，难点也亦有所突破。这一课的教学重点就是让学生感受秋天的美好，体会课文的语言美。教学中，我以"读"为教学主线，落实教学重点。读的形式多样，如朗读，自由读，指名读，齐读，师生赛读，挑战读。读的目标不同：自由朗读全文，感知课文；逐段朗读，想象情境；品读课文，交流感受等。

本课教学难点是多种修辞手法的使用及被艺术化了的语言，使课文抒发感情较含蓄，给学生造成理解上的困难。为突破这一难点，教学中，我没有作过多的解释，而是通过教师示范读让学生从中感悟语言的美，体验秋天的美好。如在教"黄黄的叶子像一把把小扇子，扇哪扇哪，扇走了夏天的炎热"，我先请一位学生读一读，进行评价。接着提出要与他比赛读，看谁读得好，激发学生读的兴趣，再让学生进行挑战读，看谁读得更好，让学生在读中理解、感悟语言，这就是多读的收获。上课时，我让学生也来模仿说说类似的句式，学生能说出一些比喻句，但绝对不能说出意境如此优美的句子，因此在以后的教学中我更应注意加强优美句子、段落的积累。

总之，备课时总觉得考虑得很全面，课后却总是留下诸多遗憾。只能待今后的教学中不断地完善。①

（三）如何写教育反思

从写作内容上看，教育反思可以从以下方面入手：

1. 写得失

无论是在教学还是在管理学生过程中，教师总会有一些得意的"杰作"，如课堂上巧妙处理教学内容，教学方法和手段的灵活运用，班级管理中成功转化后进生，课堂上偶发事件的机智处理等；也会有令人沮丧的"败笔"，如问题情境没有给学生足够思考的空间，自主学习、小组学习流于形式，课堂偶发事件没有处理好影响了正常的教学进度，一次班会组织不利没有达到预期的目标等。反思中，记录教育教学中的成功之处，目的在于总结经验，在以后的教育教学中加以借鉴；记录不足，目的在于吸取教训，探究解决问题的新策略，避免同类问题再次发生。所以，反思教育教学中的成功与失利，目的都是为了通过研究进一步改善教育教学现状，提升教育质量和教师教育教学素养。

2. 写师生

教育教学过程是师生互动的过程。教师的情绪、教师的语言、教师的举止、教师的要求和方法、教师的教育教学理念、教师对教学内容的理解以及对教法、学法、教具的运用，都会直接作用于学生，影响教育效果。相反，学生的个性特征、学习基础、学习能力、学习习惯、注意特点、情感体验、参与程度、疲劳状态、经验差异等也会反作用于教师。此二者同时存在，相互作用，彼此牵连，构成教育过程中必不可少的相互影响的因素。因此，教育教学活动结束后，教师应及时反思，将师、生双向的

① http://www.weihaiedu.cn/xuexiaojiaoyu/ShowArticle.asp? ArticleID=6587.

表现与活动的质量作辩证的分析，以帮助教师在日后教育教学中能对"师"与"生"的情况做更全面的把握。

3. 写机智

无论是课堂教学还是班级管理，师生的思维发展及情感交流的融洽，往往会因为一些偶发事件而使教师产生瞬间灵感，如我们常有这样的感觉：上课时原本没有涉及的内容，因实际需要或灵感涌动而穿插其中，结果学生的积极性被调动起来了，课堂顿时充满勃勃生机，学生学得热情高涨。这些"智慧的火花"常常是不由自主、突然而至，若不及时利用反思去捕捉，便会因时过境迁而烟消云散，令人遗憾不已。所以教师应及时把诸如此类的小插曲所产生的效果，记录在教学反思中，用以丰富自己的教学艺术。

4. 写困惑

教师对教育教学过程的认识是个发展的过程，学生掌握知识、发展能力、形成良好的心理或道德品质也是一个生成的过程。在教育过程中往往有些问题限于教师的认知水平或当前的理论争鸣尚未清晰，而使教师觉得疑惑：对还是不对？好还是不好？怎么做更恰当？这么处理为什么效果不好？及时在反思中记下这些疑惑，以待日后钻研，或请教专家，或再学习研究，对教师今后工作将大有帮助。

5. 写建议

在上完每一堂课、组织完每次活动后，教师都要静下心来，思考一下这堂课或这次活动的教育效果：如教学重点、难点的把握是否到位，教学方法和手段的选择是否恰当，教学设计是否合理，教学目标是否实现，教学效果怎样，有无新的生长点或者遗留点，根据自己的教育体会和学生反馈出的信息，写出进一步改进教育教学的建议。这些建议可以是对教材内容进行质疑或提出修改意见，也可以重点考虑某个环节应该怎样处理才更有效，一步步明确问题，寻找对策，使自我反思达到一定的深度，有助于今后教育教学的改进。

6. 写创新

在课堂教学过程中，学生是学习的主体，学生总会有"创新点"在闪烁，教师应当充分肯定学生在课堂上提出的一些独特的见解，这样不仅使学生的好方法、好思路能够得以推广，而且对学生也是一种赞赏和激励。同时，这些难能可贵的见解也是对课堂教学的补充与完善，可以拓宽教师的教学思路，提高教学水平。所谓"教学相长"就是在教学过程中，不仅学生可以从老师那里提高知识的储备，教师也可以从学生那里学到很多思维的变化和独到的见解。因此，将其记录下来，可以为今后的教学补充丰富充足养分。

（四）写教育反思应注意的问题

1. 反思记录要及时且真实

写教育反思在时间上要做到及时，抓住转瞬即逝的感受，赶紧把它记下来。同时，教育反思是教师思想的书面呈现，教师可以用自己喜欢的方式和感兴趣的体裁予以记录，点评式、提纲式、案例式、随笔式等均可。但要注意，由于教育反思源于教育实践，生成于教育活动，所以应该是教师亲历亲为的教育经历的体验、感悟和分析，是为自己服务的，一定要求"真"。这真是指无论教育教学中的成功还是失败都要真实、客观地加以记录，不矫饰、不虚构，成功就是成功——学会自我欣赏；失败就是失败——学会自我批判；在做自我分析时也要真实、真切记录下自己对教育事件的思考和感悟。如果教育反思不能以自我的真实经历和感悟为基础，要么摘抄文稿，要么无病呻吟，反思就没有任何意义可言了。

2. 反思不求全面只求精湛

教师的日常教学和管理工作繁杂，对每一次教育活动都进行全面的总结反思，在时间和精力上不允许，也没有必要。即使是一堂课、一次班会、一次家访，也没必要面面俱到全面记录。写教育反思要求突出重点，展示亮点。如可就教学过程的某环节（导入、探究、巩固、运用等）、教学活动的某一方面（目标的确定、方法的选择、情感的激发、知识的掌握、讨论的形式、探究的实效等）的得、失、惑、感谈一点或几点感受最深刻、体会最真切的认识和思考，提出相应的对策建议。

3. 要以科学的教育理论指导反思

要让教育反思真正起到丰富实践、提升理念、促进发展，达到叶澜先生所说的"写三年教学反思，就有可能成为名师"的目标，关键在于要对教育教学现象进行深层次的分析，透过现象看到其本质和规律。有得，想一想符合怎样的教育规律，对后续教育教学带有普遍指导性的是什么；有失，想一想失误的原因，探究设计理念上的偏差、操作执行上的偏移、思考改进的策略……这些理性的思考，才是教育反思的真正价值所在。做到这一点，对青年教师来说比较困难。青年教师要学习的东西很多，还不能更深层次地去剖析自己的教育理念，只是注重形式上的模仿。如一样的教学设计，在不同教师的课堂上产生的效果都不一样，所以不能单纯地模仿教学，而是要把教育教学的理念与课堂教学相融合，首先从理论到实践，再从实践反思提升理念，只有这样一步一个脚印的循序渐进，才能真正地提高教育教学技能，成为真正的名师。

4. 要使教育反思成为一种习惯

要想使教育反思这种科研成果的表达方式真正发挥作用，就不能靠心血来潮。偶一为之，其效果十分有限。教师要有恒心和毅力，养成经常反思的习惯，将教育教学中每一个值得记录的细节及时捕捉、积累起来。在闲暇时浏览一下日常的教育反思，能够勾起一个个小小的回忆，使每次教育教学的场景再现。日子久了，这些回忆就像一颗颗串起的珍珠，激发教师更多的反思，为以后的教育教学设计提供更多的启迪。

5. 要将反思成果应用于教育实践

教育反思写好后，不能束之高阁，而要就自己的反思内容和看法多与同事进行交流与探讨，或者将反思后的策略与创新应用到自己的教育教学实践中去，这样才能更好地检验自己反思的成果，提升自己对教育问题的研究能力，最终达到促进个体专业发展的目的。

总而言之，反思是强调教师从自己的经历中学习，鼓励教师敢于挑自己的"刺"，敢于跟自己"过不去"，敢于主动澄清和质疑自己长期以来赖以生存的教育理念和教育行为；写教育反思，是教师和自己的对话，是认可自己的经历，是教师获得专业发展的一种珍贵的教育资源，可以承前启后，扬长避短，挖掘教师个性智慧。反思者坚信：教育只有更好，没有最好。

五、如何写好教育科研文章

教育科研文章是教师教育科研成果的汇集和展示。但由于一些认识问题和能力问题，许多中小学教师写出的文章存在各种各样的问题。

（一）中小学教师文章写作中经常出现的问题

1. 帽大头小，空洞无物

此病源于不切实际地选择了涉及范围极广、研究深度极大而一般教师无力承担的论题。这种题目往往看似极为一般，但实际上难度极大。如有的教师的文章题目是《新时期农村学校素质教育研究》，诸如此类标题，可以想见其文章内容必然空泛。当然，这个题目也可能被写成在农村的一个学校、一个班级、一门学科里如何进行素质教育。但对于这样一个大的题目来说，它不可能研究出有关农村素质教育的最一般规律性的东西。

2. 收集资料，东拼西凑

这种情况的发生，往往是由于不懂得写文章是为了表达自己独有的观点、意见和看法，介绍自己与他人不同的做法。即使是文献研究报告，也不光是收集书面资料，并将它们中的一些东西拼凑在一起，它必须揭示文献中反映出来的未知事实或规律。那种拿别人的东西裁剪拼接出来的文章是毫无价值可言的。

3. 只谈体会，不及规律

这是中小学教师文章中常见的问题。有一种叫做经验介绍型的文章，这本身是一种比较切合教师撰写的文章类型。但一些教师并不清楚，写这类文章的目的，归根到底是为了揭示和探索某一领域的教育规律。教师通过教育实践，有了对客观事物内在规律性的一定认识，才去写文章。这与我们平时交流自己的具体做法不同。所谓在文章中揭示和探索教育规律，可以有几种情况：一是通过反复实践、认识和验证，揭示带有普遍意义的一般规律。这种规律性的认识具有广泛的启示作用；二是同样经过反复的实践、认识和验证，但由于其实践范围的狭小和特殊性，所揭示、探索的规律并不一定带有很普遍的意义。但这也是有价值的。因为在其实践范围内，它有指导作用，在相同或类似的实践范围内，它也有一定的借鉴意义；三是实践不多，但已经有一定的认识，觉得在事物的背后有着某种规律性的东西，不过并没有经过完全的验证。这种情况下，同样可以写文章，但写文章的目的并不在于叙述自己的实践过程，而在于提出一种有科学意义的假说。这种假说，是今后自己，也希望别人，进一步通过实践来验证的。不管是上述何种情况，都必须在文章中涉及规律性的东西。只有这样，文章才有意义。

4. 乱发感慨，查无实据

文章终归是要以事实来说话的。哲理性文章要能说服人，除了严谨的逻辑论证过程外，其基础是铁的事实。研究报告文章更是要直接拿出自己掌握的数据和资料。有些中小学教师写的文章中感慨很多，却拿不出确凿的事实作为论据支撑。这是因为他们虽在实践中产生了一些想法，但并没有真正认真地去搞教育科研。文章是科研的成果，没有在科研中获得第一手的数据、资料，没有对这些数据、资料的整理和分析，要写出一篇像样的文章是不可能的。不管文章从表面上看如何漂亮，它只能是一朵不结果实的空花。

5. 材料堆积，不懂经济

其文章出现这种情况的教师，手头确实掌握了大量的资料，这是非常可贵的。但是，他们不懂经济。经济，就其本意而言，是指在生产中保证一定成果前提下的节约，是属于效益范畴。一个观点、一种看法的确立，不是所用的论据越多越好，而是越少越好。当然，前提在于能使这种观点和看法成立，也就是站住脚。这是许多想写文章的人往往没有意识到的道理。于是写出来的文章给人的感觉是啰唆、不简练，甚至叫人读来心烦，达不到文章应有效果。

6. 语无伦次，条理不清

作为教师的文章，这种毛病是本不该发生的。但事实上，它是相当普遍地存在着，这不能不说是极大的遗憾。它归因于部分教师逻辑知识之匮乏和文字功夫之欠缺。

所以，教师写文章，除了文字功底问题，主要可归为两类：一是没有写到点子上；二是不懂科研文章的最基本的写法。克服了这些毛病，要写出一篇较像样的文章，并非难事。

而要克服文章的这些缺点，主要不是在写文章的过程中下工夫。文章的功夫主要做在文章之外。

（二）教育文章的写作步骤

1. 第一步：选题

选题有两层意思：一是选择论题；二是确定文题。

（1）选择论题，是指选择"论述"的范围。从教育文章的内容形式来看，一般可以分为三类：其一否定某一学科领域中的某些旧观点，提出新见解；其二收集、整理一些分散的材料，使之系统化，用新观点、新方法加以论证，得出新结论；其三是在某一学科领域中，经过自己悉心研究、观察和实践，有所发现和创造，陈述新见解。

选择论题要从两方面的实际出发：第一，从教学实际需要出发。即从哪个方面需要做进一步探讨或应该有所突破，就要在哪里动脑筋、做文章，脱离教学实际和教学需求的选题是没有意义的。第二，从作者自己的实际出发。自己在哪方面实践最多、体会最深、学习研究最透彻，就在哪方面立论写作。没在切身体会，即使写出来，也难免人云亦云或空洞无力。

（2）确定题目。选定论题之后，还不能动笔，必须进一步缩小、明确范围，把目光聚集在某一点上，拟出一个以此作为议论话题的文章题目，然后才能依题写作，这便是确定文题。确定文章题目尽量做到：一是要明确，不能含糊不清。题目是文章的眼睛，要让读者一看题目便能洞见文中所写内容范围；否则，题目表意含糊不清，不仅读者难以猜测，作者也怕难写明白。二是宜小不宜大。初写教育文章的教师，最常见的就是不会找小题目。解决的办法是把范围缩小，使题目变得具体、实在。题目具体，目标集中、突出，就容易组织材料，调动笔墨把事理讲深讲透。

2. 第二步：写作准备

（1）收集资料。选题确定之后，文章有了中心主旨，在写作上是关键的一步。但是，要写好一篇文章，作者还必须拥有丰富、准确、全面、典型、生动具体的材料，从中提炼出自己的观点，并用具有说服力的论据来证明自己的观点。而这些材料是通过自己亲身实践研究获得的，或是他人以前研究总结的可靠成果。因此，资料的收集对文章的写作有着举足轻重的作用。收集资料的途径主要有：

①查阅有关的理论书籍及文献资料。参加教育教学研究，掌握必要的教育教学理论和科研方法，对于教育教学理论的一些基本概念要理解掌握；对于与教育教学相关的社会科学知识也要有所涉猎。因此，要注意多阅读教育书刊、报纸，收集有关研究信息，吸收他人的研究成果，开阔自己的思路，完善自己的设想。

②调查研究，收集有关论据。文章的中心主旨确定后，明确了所要研究的对象和内容，就要着手拟订调查提纲，列出调查研究从何入手，需要了解哪些方面的情况，每个方面包括哪些项目和具体内容，需要哪些典型的材料和数据，取材的数量和质量上的要求应达到怎样的深度和广度等。

（2）安排结构。文章的一般结构是：提出论点，进行论证，概括结论，注释和参考文献。

绪论——提出观点。对本论内容加以简要介绍，把中心论点准确地概括出来。绪论要求写得精练、明确，字数不宜多。常见的写法有：①直接申明自己的主张和见解，开门见山地提出中心论点。②提示内容要点。③因事发问，启人思考。④从日常生活现象写起。⑤引经据典，说古道今。

本论——进行论证。这一部分是文章展开论述、分析问题的部分，要从不同角度、不同层次对论点作分析说明。以事实、数据和有关理论作为论据，按思辨的规则进行推理，展开论证。论述的先后次序，推理的层次，都要根据事理的内在联系来安排，做到有条不紊。在内容结构的安排上一般有两种形式：一种是并列式，就是将中心论点分成几个彼此并列的分论点，然后分别论证求得综合。另一种是递进式，是将总论点分成几个不同层次的小论点，逐步深入地分析论证，最后得出结论。

结论——概括结论。在论证的基础上提出结论性的意见，作为文章的总概括，得出或重申自己的见解。写结论的目的是加强读者对全篇文章的印象，所以要简明扼要，精确有力。结论的位置一般应写在文章的最后部分，但也有的文章因每层各段的意见已交代清楚，不需另作结论。

注释和参考文献。注释是对文章中的词语、数据、内容或引文的出处所做的说明。参考文献是作者在撰写文章时，曾经借鉴、引用过的重要文章和著作。文章写好之后，要将这些文章或著作编目，附在文章后面。

3. 第三步：文章的写作

（1）拟订写作提纲。拟订写作提纲是文章写作的开始。提纲是文章的雏形，通过它把文章的主要观点和结构用文字固定、明确下来，使文章构思更完善，起到组织材料、思考缜密、防止遗漏的作用。常用的提纲类型有两种：第一是列项式提纲：粗线条地搭起全文的框架。用简洁、概括的词组、句子、材料序号，把中心论点、分论点、材料一一排开，制成一个草图。第二是陈述式提纲：用不加修饰的陈述句，把分论点和材料、分段、分层表示出来。谁在前，谁在后，怎样衔接都考虑得十分严密。写出提纲以后，要以审视的目光去复检，力求结构和谐。重要的部分要给予显要的位置，占的篇幅大些；次要的材料要位置得当，占的篇幅小些。

（2）展开论述。文章的结构安排好了，材料也准备充分了。这时就需要集中精力展开论述。进行论述，需要作者有一定的文字表达能力、写作技巧，采用一些修辞方法，以增加文章的可读性。在论述的过程中，需要注意下面几点：论点要鲜明、突出，能使读者很快领悟；表述论据要详略得当；论证要具有严密的逻辑性。

4. 第四步：文章的修改

文章的初稿写出来以后，还要以极大的耐心进行三番五次的修改，提高文章的质量。可以从以下几个方面去修改：

（1）重审论点，是否表述正确、清楚。看文章中的论点表述得怎么样，写出来的和设想的是否相同，读者读了以后，是不是与自己的想法一致。文章中的每一个分论点是否从不同的角度论证了中心论点。

（2）核实论据是否正确、充分。对所使用的每一个论据加以核实，看观点与材料是否相符，论据有没有代表性和典型意义，用的是否恰当、准确、有力。可有可无的材料要去掉。文章的质量不在于材料的数量，关键是材料本身的性质、特点和对论点的直接论证效果。

（3）斟酌布局，修改文章的结构。写出文章初稿之后，要进一步根据中心论点对文章的结构做合理的调整。对于诸如顺序颠倒、详略不均、前后重复、层次不清、缺乏条理性等，需要进行具体的修改。

（4）推敲语言是否通顺、规范、精练。论点、材料、布局等方面的内容，归根到底都要落实到文字上，避免使用口头语或方言。要使语言不啰唆、不凌乱，修改时就要一字一句地推敲，寻找最合适的字词来表述内容，使文字通顺、流畅、准确。

（三）写好教育文章的几点建议

写文章，对于许多中小学教师来说，都是非常迫切的事情。对相当数量的人来说，是因为职称职务的晋级、年度工作的考核和上级领导的要求。只有较少的教师是从根本上来认识这一问题的，那就是，文章的写作是教育事业发展的需要，是教师个人素质提高的历练。由于对问题认识的浅层性，教师往往把写文章当做一件令人头痛而不得不勉强完成的事情。这种状况，不可能不影响到中小学教师文章的质量。对想写文章又不知道怎样才能写好文章的中小学教师提几点建议。

1. 教师要做一个有思想的人

任何一个能写出好文章的人，首先他是一个有思想的人。不要说是写文章，即便是写文学作品，他必然首先是一个思想家。有思想的人总是用自己独特的眼光来观察周围某些领域的问题，并对这些问题提出自己的想法，他不会轻易人云亦云。也许有人认为这种说法对于中小学教师而言，要求过高，其实不然。我们的教师每天都遇到大量的问题，面前摆着众多的矛盾，有时是满脑子的困惑，这不是事实吗？是的。但这和写文章有什么关系？当然有。有问题，有矛盾，有困惑，才有文章可写。教育科研文章是教育科研的成果。什么是教育科研？教育科研就是我们以一定的理论为指导，针对问题、矛盾、困惑去研究，从中找出解决它们的办法。不管这些问题、矛盾和困惑是属于实践的还是理论的，现实的还是历史的，宏观的还是微观的。发现了问题，研究了问题，探索了未知的规律，自然就有了可写的内容。问题的发现，总是第一位的。碰不到问题，或碰到问题而不能发现问题，就没得文章可写。事实是，许多教师辛劳工作而不能敏感地发现有价值的问题，他们是执行者、劳作者，而不是思索者、创新者。

这首先是一个思想方法问题。他们需要解放思想。解放思想，就是去除思想的束缚，就是要用审视的目光去看待过去的经验和现存的、权威的甚至是公认的理论和说法。根据马克思主义的哲学观点，过去形成的经验和理论不可能是百分之百正确的，即便对其产生之时而言是基本正确的，由于客观世界的不断变化，也会变得或多或少地不适应现实。怀疑一切的口号失之偏颇，但有根据的大胆怀疑是值得提倡的，审视一切的态度是有益的。由于中国历史和政治的影响，在许多情况下，对一些东西表示怀疑，提出不同的意见，压力过大，这是一种不正常的现象。学术需要繁荣，理论必须创新。

不可否认，在这繁荣和创新的过程中，会有相当部分不正确的、实际上并无生命力的东西被当做新生事物提出来，这是正常的。在这方面，对社会和教育的研究与对自然的研究，在本质上是一样的。在自然科学研究中，除了实践的证明，不承认任何的权威，这是公认的道理。社会问题、教育问题，由于涉及人，应该在研究中加倍地谨慎是对的。但这不是人为地设置研究禁区和压制非主流观点的理由。思维的束缚一旦解除，研究的禁区一旦打破，有价值的问题就会层出不穷。

当然，对于中小学教师来说，并不是能发现的一切问题都可以进行研究并最后写成文章的。这里有一个有没有必要和有没有可能的问题。

有的教师认为，在新课程全面实施之前，许多东西还没有定论，大量的是什么、怎么办，上级还没有明确交待，因此虽然存在大量问题，但无法进行实际研究。他们的态度是等待，这是一种十分错误的观点。任何新生事物的产生都有一个从无序到有序的过程。这无序，正是一个充满活力的过程。它是各种最具价值的思想、观念、办法和理论得以产生的沃土。稍懂一些历史的人，都晓得这一道理。等到经过大量矛盾的冲突，一切都尘埃落定，思想和理论的火花就渐趋微弱。在今天，有关新课程的大量问题还不清楚，很多人疑虑重重，困惑多多，这正是我们进行教育科研，写出好文章的极佳时机，是教育科研的春天。

2. 文章的功夫主要在文章外

教师不要把注意力只放在写文章上，平时要多学习、多观察、多研究问题。具体来讲，要做到以下几个方面：

（1）学点哲学。哲学之所以能使人聪明，是因为它是关于客观世界普遍规律的学说，是关于方法论的学说。没有一定的哲学高度，就不可能有对问题分析的一定深度，写出的文章不可能高屋建瓴，给人以新的启迪。一般教师往往因哲学表面的枯燥而生惧生厌，这是因为没有深入学习的缘故。

（2）在平时工作、生活中要做有心人。问题、矛盾、困惑的出现，对教师来说不能停留在情感反映的层次上。要敢于解放思想，要敢于向权威挑战，进行多角度、多层次的思索。不要轻易放弃对问题的思考。

正是在这些思考中，慢慢会发现极有探索价值的东西。这种思考要有记录，哪怕是极为简单的两三句话。当对一个问题自己有点想法的时候，如果不作记录，多数情况下有价值的东西会稍纵即逝。等到三两天后再想回忆当时的想法时，脑子已经空空，后悔莫及。这是许多人的经验之谈。

研究的问题，最好是结合自己的实际工作。因为这些问题是对自己最有价值、最可能研究出成果的。从这个角度看，行动研究法或许是最适合一般教师的研究方法，虽然有人并不认为它是一种独立的科研方法。行动研究的阶段性成果，往往可以用来写文章。关于行动研究法的具体概念和做法，有现成的书籍可查。

（3）学点逻辑和写作知识。上学时在学校学的逻辑和写作知识，到工作后常常是忘记多半。由于当时学习过程中没有应用的迫切性和深入地实践，出现上述情况是难免的、正常的。当我们在实际工作中感觉到需要这些知识时，再去学习，效果将是出奇的好。特别要找一本较好的有关如何做科研、写文章的书籍细细阅读，这将大大提高教师的写作水平。

六、如何申报教育类课题

课题申报是教育科研至关重要的一个环节。课题申报成功，既是检验教师选题水平和论证水平的标尺，也是教师搞教育科研的有利条件。因为科研工作先行的前提条件是必须有一定的经费支持，而要获得科研经费，就必须申请课题立项。所以，只有课题申报成功，争取到了课题经费，才有了科研的基本条件和科研动力。同时，课题申报成功，教师也会将如期结题作为教育研究的压力，激励教师自觉地在教育科研中投入更多精力，以便在立项单位树立良好的信誉，为以后的再立项奠定良好基础。

（一）课题申报的程序

1. 研究者阅读选题参考资料

包括阅读各级课题的申报通知，明确通知的具体要求和申报条件；学习研究课题管理方面的文件材料；学习研究《课题指南》或《申报选题范围》等。

2. 课题组成员集体讨论并确定选题

选题可以是课题指南中的课题，也可以是根据实际情况自行确定的研究课题；课题申报者还可以参照"历届立项课题名单"所列示的研究课题。选题一般要遵循联系教育领域中的热点、焦点和难点问题，从学校、教师和学生的实际出发，符合自身的研究条件等选题原则。

3. 做好文献的搜集、整理和综述工作

课题组成员寻找支持本课题的有关理论依据，并获得与本课题相关的已有研究成果，从中发现研究的空白或不足，作为自己研究的立足点和切入点。

4. 提交申报材料

包括组织课题组成员认真阅读关于填报"评审书"的说明文

字；研究清楚"评审书"各个栏目的填写要求；根据"评审书"各栏目的要求分工查找材料和论证；填写"评审书"草表并在课题组内讨论；研究确定后，填写"评审书"正式表并按要求打印；按要求签署单位意见并加盖公章；填写"课题申报材料目录表"；按指定时间要求将申报材料提交有关科研管理部门等。

（二）课题申报书的填写

填写课题立项评审机构印发的"课题申请书"是课题申报的主要程序之一。课题立项评审机构主要根据"课题申报书"的各项内容来确定该课题是否具有研究价值及申报人员是否适合做此课题研究、研究方案是否可行，然后确定是否给予立项。因此，认真、规范、科学地填写"课题申报书"是进行课题申报的一项重要工作。

不同级别的课题申报表（课题申请书、评审书）的具体要求有所不同，但基本上包括两大方面的内容：一是关于本研究课题的论证，包括本课题当前国内外研究现状及述评、选题意义与研究价值、研究目标、研究内容、研究假设与创新之处等；二是关于对课题实施的论证，包括研究思路、研究方法与手段、研究的技术路线及实施步骤、完成课题的可行性分析等。下面就"课题申报书"中的这两项内容做一说明。

1. 课题名称

教育科研课题名称的确定与表述是课题研究的具体化，是进行教育科学研究的第一步，它是将一个研究方向演化为一个确切的研究课题的过程。它对课题研究起着决定性的作用，课题研究的开展和各个环节的活动都要紧紧围绕它来进行，课题名称的确定影响着整个研究的成败。因此，课题研究选好方向后，研究者应结合自己要解决的问题，反复推敲，精心选择，定出恰当的名称。课题名称在表述上要能反映出研究的范围、研究的问题和研究的方法等信息。一般来讲，课题名称的表述方式有"××研究"、"××调查研究"、"××实践与研究"、"××应用研究"、"××实验与研究"、"××探索与研究"等。如"河北省小康农村地区初中学生流失现象的调查研究"，此题目将研究的地域界定在"河北省小康农村地区"，研究对象是"初中生"，研究问题是"流失现象"，研究方法主要是"调查研究"。

要确定一个好的课题名称，应注意以下三点：

（1）课题名称的表述要意义准确。课题名称的表述要意义准确，就是说课题名称要能明确地表达出这项研究的主要内容和主要问题。首先，要求课题是一个有确定涵义的具体问题。教育科研课题的大小要适中，如果课题太大、太笼统，就会使研究无从下手；如果课题太小、过于狭窄，就事论事，就会使课题研究失去应有的意义和价值。其次，对课题名称中的核心概念要给予界定，明确其内涵和外延，从而使研究在统一的基础和前提下进行。否则，在研究过程中容易"偷换概念"，或出现目标的变更、方向的转移，也可能产生研究范围的扩大或缩小等情况。第三，课题的表述要清楚地说明本课题的研究范围。研究范围是对课题的研究对象总体范围的具体规定，主要明确研究的角度。因为一个问题的研究，完全可以从不同的角度去进行，不同的角度规定了不同的研究对象范围。因此，课题名称的表述应明确研究的角度，从而明确本课题对象总体的范围。研究某一课题必须在特定的范围内进行，如对此不加限定，将导致研究的困难和名不副实。

（2）课题名称的表述要突出主题。课题名称的表述要突出主题，就是说课题的表述要力求反映研究的焦点和研究方向，这样有利于研究者明确研究内容，抓住研究重点。有些课题名称的表述，涵盖的范围过于宽泛，论题不集中，或者题目太大，无法操作，使研究的思路无法集中。为避免以上问题，应做到：一是课题表述的用词要具体化，即尽量使用特定涵义的词汇来代替一般泛泛的词汇，课题表述应尽可能将研究的关键词包括在内。课题表述通过使用具体化的词汇，就使得课题研究具体明确，主题突出，也便于操作了。二是教育科研课题的表述应只有一个主题。遇到多个研究主题时，应分为相应数目的课题，或化为相应数目的次级课题，并定出能包括这些小题的总课题的名称。三是要明确课题研究中的变量关系。在表述研究问题和研究具体信息时，课题名称中涉及的自变量与因变量的逻辑关系一定要清楚，这样才能为研究活动提供一个聚焦点，为下一步进行具体研究设计奠定基础。

（3）课题名称的表述要规范、简洁。课题名称的表述要规范，就是说课题表述所用的词语、句型要规范、科学，要用学术性的科研术语，不可生造词语，以免造成理解上的歧义。课题名称的表述形式也不能用比喻句、反问句等，最好用陈述句。此外，表述中一般不宜使用略语、阿拉伯数字、拼音字母等。

课题名称的表述还要力求简洁。表述要在意义准确的前提下，用最简短精练的课题名称表达出完整的意思。不必要的字应省去，使人一目了然。以全国教育科学"十一五"规划 2006 年度立项重点课题为例，课题最短 7 个字，最长的 39 个字，平均19 个字。字数在 20 个字（含 20 字）以下的占 72%。课题名称的表述虽未严格限定题目的字数，但一般在 20 个字以内。

教育科研课题名称的酝酿，是科研人员进行科学研究的第一步，一个好的课题名称应能提供课题研究的所有信息。因此，课题名称一经确定，就不宜中途更改，以免打乱后续环节的工作。只有在科研过程中，根据科研部门的要求，或遇到客观情况发生大的变化，才能做必要的、相应的修改。

2. 课题负责人及主要成员的基本情况

课题负责人是课题研究成员中的核心，他的理论水平、科研能力、研究态度将直接影响到课题研究能否保质、如期地完成。所以，在填写"课题申报书"时，对课题负责人的工作责任心、职称职务、学历学位、相关的研究成果、已完成或还在进行中的相关研究课题要做认真介绍。对于课题组其他成员，需要介绍其职称、学历、代表性的科研成果和专长，并对各阶段的各项任务进行合理分工，以确保研究任务能够顺利进行和如期完成。

3. 课题的国内外研究现状述评

这个项目的评审目的在于：一是评价本课题组成员对相关研究资料的占有程度；二是课题组成员对与本课题相关研究工作及其成果的了解程度；三是确定本课题研究是否仍有研究价值；四是评价本课题组成员的研究水平的高与低、知识面的广与窄。

这一项目主要表达以下一些内容：有哪些人在做这方面的研究，他们研究了些什么，核心问题是什么，他们怎样进行研究，解决了哪些问题；已有的研究还有哪些问题没解决，存在什么主要问题或局限性；本研究拟在他人研究的基础上解决什么问题，力求有哪些突破等。

例4-13

河北省小康农村地区初中学生流失现象的调查研究

当前国内外研究现状述评

1. 关于教育机会均等理论的研究：本课题研究的理论基础为教育机会均等理论。教育机会均等概念源于西方教育社会学。根据不同的哲学观点，西方教育机会均等理论在演进过程中形成了以保守主义派别、自由主义派别和激进主义派别为代表的理论学派，分别从不同角度阐明各自关于教育机会均等的基本观点。由于教育机会均等概念本身已涉及人们的价值观念，因而使不同社会条件下的研究者很难在关键处取得完全一致的看法，理论也呈现纷繁复杂的态势。西方教育机会均等理论研究较早，理论较系统，内涵也相对丰富，而我国大陆有关此理论的研究目前还非常薄弱，未成体系，微观实证研究也较为少见。

2. 关于基础教育阶段学生流失现象的研究：学生流失问题的严重程度以发展中国家为甚。基于此，近年来对流失生问题的研究以发展中国家为对象的较为常见，像亚洲的印度、巴基斯坦、马来西亚和泰国等。我国台湾地区对此也有关注。但因为各地社会与教育发展情况不同，因而研究者在学生流失的现状、原因及解决措施上都提出了不同的看法。

国内关于此现象的调查研究集中在20世纪80年代末到90年代中期，近年来该研究明显减少。基本情况为：①对流失现状大多用了"相当严重"、"逐年上升"等字样，但其中数字统计差距甚大，从3%到40%不等；②对流失原因100%的研究均认为与地区或家庭贫困有关，其中大多数认为贫困是导致学生流失的第一要因；③对治理措施主要以呼吁加大法制宣传和执法力度为主。

在以上研究中，笔者认为存在的明显不足有：①就流失论流失，未能适时将这一明显的教育机会不均等问题纳入世界范围追求教育平等的实践中；②研究贫困地区、少数民族、女童等特殊地区和人群较多，而对中等以上发达地区学生流失的共性研究较少，且近年来对此现象的研究明显减少；③由于流失率是"普九"中一票否决的关键因素，因此研究者在研究中更多的是考虑"政治"影响，不能掌握第一手准确数字或不敢使用实际数字。有的为了"避嫌"，干脆在某县区某校抽取很小的样本进行研究，难免"以偏概全"。所有这些，都直接造成了问题分析、对策研究的局限性；④对策研究非常薄弱，呼吁多于实践，可操作性欠缺。

4. 选题意义及研究价值

设立这一项目的目的在于评价本课题的研究会产生什么影响和作用，本课题有没有研究价值。选题意义一般分为理论意义和实践意义。理论意义是要回答本课题研究会完善哪些理论或会填补哪些方面的理论空白，实践意义是回答开展本课题研究将会解决哪些方面的实践问题，取得哪些方面的实效。

我们还以"河北省小康农村地区初中学生流失现象的调查研究"为例：

本课题的理论意义

1. 丰富教育机会均等理论在我国的研究成果；

2. 充实关于学校中的"差生"（处境不利者）的理论研究。

本课题的实践意义

通过实证性调查研究：

1. 力图揭示河北省小康农村初中生流失的真相与规律，为各级政府职能部门制定相关政策提供确凿依据；

2. "乡镇区域教育优化实验设想"的方案，为农村初中防差治辍提供了现实性对策构思；

3. 通过对教育内部诸多造成流失问题的相关因素分析，为进一步深化基础教育改革，全面推进素质教育提供相应对策。

本课题的选题价值

教育民主化是现代教育的基本特征，是社会发展的必然，"让每个人都得到教育机会"的教育公平理念已成为世界各国竞相追求的目标。在我国，虽然《义务教育法》、《义务教育法实施细则》、《未成年人保护法》等相关法律、法规都对少年儿童接受平等教育有所规定，但入学机会不均等、学校资源配置不均等、学业成功机会不均等的大量事实依然普遍存在，在农村地区情况尤为严重。造成即使是经济较富裕的小康地区，学生流失也有愈演愈烈之势，这几乎成了近10年来农村义务教育中的"痼疾"。

需要特别指出的是，近年来农村初中学生流失的真实情况一直被各种官方报表数字所掩盖，瞒报、虚报现象非常严重。官方统计初中学生流失率很少有超过3%的，且每年呈递减趋势。其原因很简单，"普九"中学生流失率超过3%的视为一票否决因素。弄虚作假造成了表面的一片乐观，却引发了对流失生的关注和研究减少，对学生大量流失带来的严重后果估计不足，直接干扰了由中央到地方的义务教育决策。尤为严重的是，长期的高流失率不仅使流失生及家长放弃了受教育权，同时引发了社会对《义务教育法》等相关教育法规的漠视，把不履行教育义务视为自然。这不仅加剧了已有的教育不平等，还会促成新的教育不平等，形成恶性循环。

另外，几乎所有的相关研究都陷入了一个误区，即把"流失生"作为一个社会问题而不是教育问题来看待，没有看到教育内部的不平等和制度化教育是造成学生流失的关键因素，从而陷入"流失是社会原因造成的，其解决也有待于社会的发展"的无所作为论调，这无疑将研究引入了死角。

基于以上三方面分析，本课题极具研究价值。

5. 研究基本内容、研究重点与难点、研究假设、创新程度

任何研究问题都会涉及许多具体因素，这些因素构成了研究的内容。但是，任何课题都不可能同时对所有因素逐一进行研究，因此，需要界定研究的范围与具体内容，目的是避免课题过大、过空，使研究具有可行性和可操作性。如关于教师素质的研究，可以包括思想素质、业务素质、心理素质等。对以上所有问题都进行研究，则范围过大，内容过于庞杂，不易深入研究。如果将内容界定为"提高教师的业务素质"，内容就变得具体而易于操作。

确定研究内容，还包括对研究的问题进行分解，也就是把一个大的问题分解为若干个具有逻辑联系的小问题，形成问题的层

次网络，以使研究的思路更清晰。如对教师业务素质的研究，研究者将范围界定为提高教师在教育过程中组织和驾驭教育活动的能力，并进一步将研究问题分解为"课堂教学中与幼儿相互作用的能力"、"指导游戏活动的能力"、"在一日生活中渗透教育的能力"等小问题。当然，确定哪些问题作为一项课题的研究内容，不仅要考虑研究问题本身所应涉及的重要因素，还要根据研究者的主客观条件，对内容进行取舍，目的仍然是使研究具有可行性。

课题研究内容的论证中，还应交代研究的重点和难点。在关于教师业务素质的这项研究中，研究者认为"提高教师在课堂教学中与幼儿相互作用的能力"是课题研究的重点与难点，因此，在整个研究过程中，应着力于探索解决该问题的具体途径与方法。在大多数研究中，对重点和难点问题的解决，往往正是课题研究的创新和特色。

课题申请中关于研究内容的描述，实际上表明了研究者对所要研究问题本质的理解和思考，并从一个侧面反映出研究思路是否清晰。因此，它是课题论证中的重要内容，也是影响课题能否通过评审的一个重要因素。

研究假设是研究者根据经验事实和科学理论对所研究的问题的规律或原因作出的一种推测性论断和假定性解释，是在进行研究之前预先设想的、暂定的理论。简单地说，即研究问题的暂时答案；创新之处是指本课题研究相比其他同类研究有哪些新意。我们依然以"河北省小康农村地区初中学生流失现象的调查研究"为例：

本课题的基本研究内容

1. 理清"教育平等"、"教育机会均等"、"教育机会均等的内涵与原则"等基本概念，并梳理我国关于"教育机会均等"的相关的教育法律、法规及政策规定；2. 调查样本地区初中学生流失现状并归纳出形成机制；3. 对样本地区学生流失现象的根源进行探究；4. 提出防治农村初中学生流失的策略。

本课题研究的重点

探索小康农村地区初中学生流失的原因并提出可行性对策。

本课题研究假设

本研究的现实基础是：在河北省经济、教育均较发达的小康农村地区初中仍维持较高的流失率。在这个现状下，研究者提出并验证一个假设：在小康地区非正常原因的流失生均为学业不良者（差生）。进而研究面对的关键问题是：从根本上解决流失问题就必须最大限度地遏止"差生"的存在和大量增多的态势。在从教育机会不均等及制度化教育的角度分析"差生"（流失生的高危人群）存在的基本原因后，提出第二个假设："差生"在一定内外环境作用下，是可以避免出现的。最终提出相应的政策性建议及构思乡（镇）级教育优化实验方案。

本课题的创新之处

本课题在以下方面有所创新：1. 研究对象的选定是经济较发达而非贫困地区的农村初中流失生；2. 研究方法上突破以问卷、实验为主的定量分析法，采用定量与定性研究相结合，防止以往研究中的"以偏概全"；3. 力图从教育内部而非社会条件探究流失生形成的原因，并从教育内部出发，提出防治策略。

6. 研究思路、研究方法

研究思路是提出本课题计划从哪些方面开展研究、研究的基本程序如何；研究方法是本课题主要采用哪些科研方法进行研究。研究方法的科学性、合理性、可行性，是决定研究目标实现的基本条件，因此，也是课题论证的重点。在课题论证中，应写清楚根据研究目的和内容，拟采取哪些主要研究方法，不仅要写方法的名称，还应写运用这一研究方法所要解决的具体问题是什么。我们还以"河北省小康农村地区初中学生流失现象的调查研究"为例：

本课题研究思路

本课题的研究避免将流失现象作为单纯的社会问题来看待。流失问题毕竟产生于教育内部，是一定的社会生产发展与教育的不平衡所致，是社会政治、经济、文化、科技发展综合作用于教育，教育本身产生的一种特殊现象。因此本研究在充分考虑社会因素的同时，将立足于教育内部，从教育内部探讨流失现象特有的形成轨迹和解决方式。

由于流失现象的复杂性，本课题拟用定性与定量研究相结合的方法进行。以河北省经济、教育均较为发达的某县作为样本县，依据地域特征及教育发展水平将其初中划分为不同层级，采用分层抽样、问卷调查及系列访谈等方法进行研究。在获取第一手真实资料的基础上进行定性分析。

本课题研究方法

1. 问卷调查法

本研究采用 1995 年北京大学国家课题组研制的一套问卷，并对其内容进行了修改和扩充。问卷以 L 县为样本县（之所以选取 L 县为样本县，是由于 L 县作为冀东大县，经济、教育均较为发达。L 县 1996 年成为河北省第一批小康达标县，早在 20 世纪 80 年代初就大面积介入高效农业、水产养殖、畜牧养殖等项目，农业发达，农村富裕；L 县文化底蕴相对厚重，具有良好的教育传统和教育基础，据县志记载，L 县曾在清华、北大任教的教授达 400余人，在全国出任地市级以上的行政干部达千余人）。将其 36 所初中依教育发展水平与地域特征分成 A 层城郊城镇型（12 校）、B 层农村普通型（13 校）、C 层沿海边远型（11 校）三层。采取分层抽样的方式，对其中的 20 所初中进行调查。分别是：

（1）问卷 I——流失生和家长问卷

从三层中任意抽取 3 校，每校 2 人，共 18 人，实际收回有效问卷 11 份。

（2）问卷 Ⅱ——在校生和家长问卷

从三层中任意抽取每层 3 校，每校 20 人，即每年级抽取样本 10 人，随机分布于各班，共计 270 人。实际收回有效问卷 259 份。

（3）问卷 Ⅲ——校长问卷

分层抽取 9 所学校，每层 3 所，由校长填写，9 份问卷全部收回。

（4）问卷 Ⅳ——班主任问卷

分层抽取 9 所学校，每层 2 人，收回有效问卷 18 份。

2. 系列访谈

按照"质的研究"的基本要求安排系列访谈。访谈共进行三轮：第一轮，在校初中生 6 – 10 人集体访谈；第二轮，初中教师 6 – 10 人集体访谈；第三轮，首先分别对 2 名近三年初中流失生进行个别访谈，其次对流失生的同学 5 人进行集体访谈。

7. 完成课题的可行性分析

这部分内容包括课题组已取得的相关研究成果及其社会评价（引用、转载、获奖及被采纳情况）、主要参考文献（注意列举篇数要求）、课题组成员的学术背景和研究经验、课题组成员的组成结构（如职务、专业、年龄等）、完成课题的保障条件（研究资料、研究仪器设施、研究经费、研究时间、单位支持等）。

（三）课题申报应注意的问题

为了使课题能够顺利立项，在保证课题确有研究价值且具有研究的可行性并有一定创新的前提下，中小学教师可以采取以下几点策略：

1. 准确把握课题申报及管理的相关规定

各级科研管理机构一般都相应制定有关课题申报和管理的规

定，对课题申报的原则与对象、课题申报人条件、选题要求、申报课题类别、课题申请书填写要求、申报日期、申报程序、申报起止日期、课题申报注意事项、课题立项评审条件和方法等做明确说明，研究人员要仔细阅读并认真理解对这些管理规定，以便更好、更及时地做好课题申报工作。

2. 制定出完整的课题研究方案

制定出初步的研究方案后，可以邀请经验丰富的同行或有关专家进行课题的初步论证，广泛征询他们的意见和建议，对研究方案进行反复修改和完善，使课题的研究方案更加具体、科学、合理。

3. 合理配备科研梯队

课题组的人员构成是完成课题的重要保证。首先，参与课题研究的人数不能过少。课题只有申报者一人，课题就很难成功立项。因为当前的课题研究鼓励集体合作，人数太少，研究的广度和深度都受到局限，很难研究出精品。只有大家通力合作，发挥集体智慧才能保证课题研究上档次。其次，仅有一定人数的课题组成员还不够，最好要求成员的合理搭配。如课题组成员的职称、年龄搭配要合理，成员中既有某研究领域的高级职称的领军人物，也有年轻教师；既有理论研究工作者，也有实际部门的工作人员；既有一线中小学教师，也有教育行政部门职员。还有，课题组成员应具体分工明确，各有专长，各司其职，保证整个研究的每项工作都有人负责。

4. 认真填写"课题申报评审书"

因为"课题申请书"直接反映了课题组成员对本课题的把握程度，是专家评判课题是否能够立项的首要依据，称得上是课题的"名片"，所以课题组对"申请书"的填写必须重视。

应严格按照"课题申请书"中的要求认真如实填写每一项内

容，多填或少填、多写或少写都会影响到课题立项。

要求用语准确，实事求是，条理清晰，表达精炼；坚决避免出现格式混乱、错字连篇、语句不通、论证过程漏洞百出，甚至抄袭剽窃他人研究成果等现象。

对于一些细节要仔细检查，如该签字的地方是否都已签字，有无加盖公章要求，论证材料是否齐全，申请书是否缺页或超项等。

还要注意"申请书"形式要美观，干净整洁，装订符合要求。

5. 争取有关专家推荐

如果能争取到与课题相关领域有较高学术地位、有一定声望的专家、学者作为课题顾问或推荐人，对课题成功申报是十分有利的。

6. 寻求与有关高校联合申报

高等院校具有较强的科研优势，与高校进行课题的联合申报，不仅可以获得有关理论和研究方法上的指导，而且也能反映出课题的研究价值和可行性已经得到有关专家的肯定，有利于课题的成功立项。

七、如何组织课题研究

课题研究是运用科学的研究方法去探索教育的客观规律的过程，也是通过认识教育规律来提升教师素质、提高教育教学质量的过程。

确定研究课题或课题取得批准立项后，就要组织实施课题研究。课题研究的程序基本包括制定课题研究方案、研究课题开题、实施课题研究和课题研究总结等。

（一）制定课题研究方案

制定课题研究方案包括：准确表述研究问题和分解研究问

题，将研究问题转换成假设，确定采用的研究方法，安排研究计划及人员分工，课题研究工作的组织和协调等。

1. 分解课题研究目标，抓准研究切入点

（1）确定研究目标。确定研究方向或研究主题、总体目标。研究目标可分平行目标、层次目标和综合目标等。

（2）选定研究切入点：一是从基础性的、容易的、关键性的问题中选定；二是从已经成功的经验中去寻找；三是从学校教育面临的实际问题中去寻找；四是从教育发展的趋势中去寻找；五是从教育科学理论中去寻找。

2. 明确研究思路，确定研究方法

（1）理清研究思路。一个课题特别是比较综合的课题，涉及的研究内容十分丰富，包含着多重关系、多重矛盾和多层次的问题，具有一定的深度和广度，其中必定有一对基本的关系、矛盾或问题，准确找出基本关系的意义就在于找到研究的切入口，使研究思路变得清晰且具有可操作性。

（2）课题研究的基本方法。教育研究方法有主法和辅法。主法有观察法、调查法、文献资料法、教育实验法、经验总结法、比较研究法、个案研究法、行动研究法、反思研究法和质的研究法等；辅法有统计法、测量法和问卷法等。

3. 开展理论思维，提出研究假设

研究假设是研究者将研究问题中的概念转变为能通过观察来计量的变数思考时预测的研究结果（也称"半成品"）。

（1）积极展开理性思维。根据对研究对象的了解，从已知推未知的猜想、推断，包括各种可能性理论认识或初步结论，在进行研究之前推测出来。

（2）掌握研究假设的基本标准。研究假设应有四条标准：一是能说明两个或两个以上变量间的期望关系；二是研究者应有该

假设是否值得检验的明确理由；三是假设应是可检验的；四是假设应尽可能简洁明了。

（3）明确研究假设形成的基本步骤。研究假设形成的基本步骤是：提炼问题；寻求理论支持、形成初步假设；推演出理论性陈述，使假设结构化；形成基本观点；对基本观点再提炼，形成假设的核心。

（4）明确研究假设形成的基本条件。研究假设形成的基本条件：要以科学观察和经验归纳为基础；要以科学的思想方法为指导，通过类比、归纳、演绎等方法，做出合乎逻辑的某种命题；研究者要有丰富的知识、经验。

（5）明确研究假设表述的方式。研究假设的表述应该是有倾向性的，可以是肯定式或否定式，而且所举的变量与变量之间的关系应该是能够操作，能够观察和验证。研究假设可分为描述性假设和解释性假设。

4. 根据课题类型，搞好研究设计

课题研究的设计，基本要求包括研究总目标和分目标、研究工具和方法、人员分工等，不同类型的课题也有不同的设计，突出研究类型，反映课题特点。

（1）应用性研究课题的设计。这类课题，重点是研究如何把教育科学的基础理论知识转化为教育技能、教育方法和手段，使教育科学知识同实际教育教学衔接起来，达到某种预定的实际目标。

课题特点：应用性、时代性、效益性和灵活性。

课题设计：要突出"应用"。

（2）经验研究性课题的设计。经验研究性总结分为一般性经验总结和科学性经验总结两个层次。

课题特点：在教育实践中进行的教育科研；具有预先提出的、十分明确的科研目的，工作目的与科研目的一致；有意识地

运用教育科研的有关方法；依据科研思路，有计划、有步骤地进行；采用一定的方法，有意识、有目的地搜集资料，搜集的资料要求全面、完整等。

课题设计：要突出通过经验总结得出理性认识和揭示规律的主题。

（3）实验性课题设计。实验性课题是在一定教育理论或假设指导下，通过实验探究变量关系揭示教育规律的活动。

课题要求：研究者必须有一个关于解决该问题的设想或初步的特征理论；用比较严密的研究程序组织研究，便于重复验证；预设实验条件，把变量明确区分，加以控制；对测量的事物规定操作定义。

课题设计：要突出"实验"的特点，充分体现实验要求。

（二）课题开题论证

开题论证是课题被批准后，研究工作开始前对课题研究进行的整体构思与设计，是对研究计划的再设计，是为整个研究工作设计蓝图，制定行动路线。其功能和意义主要在于使课题组成员进入研究状态，使研究的思路更加清晰、研究的计划更加具体可行。开题论证一般以会议的形式进行，其主要过程如下：

1. 撰写开题论证报告

开题论证会召开前，课题组应经过反复研讨，写出开题论证报告，并在会议召开半个月前，将论证报告送交到专家手中，以使他们有较充足的时间对开题报告进行审阅（具体开题报告的写作见"如何撰写研究报告"中的相关内容）。

2. 邀请相关专家出席

专家现场指导是开题论证的主要形式。专家组大约由 3 - 5 名专家组成。所邀请的专家一般包括三类人员：一是领域内具有较高理论素养或实践经验的专家，他们对教育的热点及前沿问题有比较全面的把握；二是与课题有关的某一研究领域的专家；三是科研管理方面的专家，他们可以在研究方法、研究的组织与管理等方面对课题研究进行指导。除专业水平外，是否具有实事求是的学术精神也应该是选择专家的重要参考因素。

3. 开题论证会

主要内容有：（1）由课题组汇报课题研究方案及其背景，介绍课题本身的目的、意义、研究现状、预计有哪些突破、研究步骤和条件；（2）请有关领导和专家指导、咨询、论证和评议；（3）讨论方案，统一认识，明确方向；（4）课题组落实管理任务和分工情况。

开题论证会由课题组组织或与课题管理部门共同组织。参加者主要有指导专家和课题组成员及与课题研究有关的人员。

课题负责人应首先就开题论证报告的主要内容进行介绍。因为报告已经事先送交专家，所以口头汇报应尽可能简略，重点是介绍研究思路和具体研究计划，以及对报告中难以表述的问题进行补充性说明。选题的意义、前人的研究成果等内容则要简述。

开题论证会的核心是专家对课题研究计划的科学性与可行性进行评议和指导。它不同于立项评审或结题鉴定会，不需要对研究计划进行价值判断，而要尽可能地对课题研究计划中的不完善之处进行分析，提出建议。负责任的专家可能会"毫不留情"地提出许多批评意见。这些意见，可以使课题研究在初始阶段就避免走弯路。

开题论证会上，课题组成员并不是被动的"听令者"，而应该是主动的参与者。除了听取专家的意见外，也可将自己的不同观点表达出来，与专家一起研讨。这样做，并非不尊重专家，而是追求对研究问题的深刻理解。

4. 修改开题论证报告

开题论证会后，课题组成员应该将专家的指导意见进行汇总，并在课题组内进行研讨，根据专家的意见及研究者自己对问题的认识，将开题论证报告再次进行修改。一般的课题管理部门允许课题组根据专家意见对原来的研究计划进行适当修改。课题组应将修改后的开题报告送交到课题管理部门，课题管理部门则以其为依据对课题进行全过程管理。同时，开题报告也是课题组对研究进展进行自我检查的依据，一般情况下，开题报告一旦形成并送交到课题管理部门，课题组不能再擅自修改研究计划（如改变研究内容或缩小研究范围等）；如确有特殊原因，需要对研究计划进行变动，课题组应向课题管理部门提出申请，得到批准后再执行。

（三）课题研究的实施

实施课题研究，主要是搜集资料、整理资料、分析资料和概括结果。

1. 搜集资料

（1）认真搜集资料。一是围绕研究主题的指导思想，根据课题研究需要进行资料收集；二是设计科学、明确的搜集资料的工具；三是采用适当的科学方法广泛搜集资料；四是按计划进行收集和采集基础材料和原始数据；五是注重资料、数据的客观性。

（2）制定调查计划。通过调查手段搜集资料，必须搞好调查计划设计。设计调查计划内容包括明确调查题目、阐明调查目的、选定调查单位、规定调查规模、研究调查对象、说明调查方法、编写调查提纲、拟定调查顺序和时间安排等，调查采集数据要制成表格。调查设计分为纵向设计和横向设计两种。

（3）设计调查问卷。问卷是一种书面的个别调查。注意事项：问题内容切忌与主题无关，或模棱两可，或难理解，或有诱导性；文字表述要通俗、简练、具体；问题顺序，时间顺序由近及远，内容顺序由浅入深、由易到难，类别顺序由静态到动态；问卷长度要适当。问卷可分为开放式和封闭式两种。

问卷格式有：问答式、划记式、排列式、评判式、是否式和数量式等。

（4）确定研究样本。研究样本是研究总体的一个子集，研究者往往从样本特征推断出它所属的总体的特征。

怎样选择研究样本？要根据研究目的和实际可能选择样本，抽样设计应是可行的并能充分包容所要研究的问题。选择样本应注意：一是样本要有代表性；二是样本要有可操作性；三是选择样本的方法要科学。一个优秀的抽样设计应满足目标定向、可测性、可行性和经济性等四个方面的标准。样本可分为"随机样本"和"非随机样本"。

2. 整理资料

整理资料是指把收集到的文献资料和采集到的数据资料进行一定的加工整理，使获得的资料整齐、有序，便于下一步的研究工作顺利进行。整理资料一般分为以下几步：

（1）核对资料。就是把搜集起来的材料核实、鉴定，了解它的真实性、科学性、整体性和可比性等，从而对材料的准确性与可靠性做出全面评价。

（2）选择论据。就是对搜集来的材料经过处理，把所需要的论据材料特别是支持论点的材料选择出来。挑选的主要任务是确定事实资料对研究的有用程度，在分类的基础上，挑选富有代表性或典型性的资料，淘汰错误的、用处不大的资料。要注意四个原则：材料的真实性与客观性；材料的有效性；材料的代表性；抽样选取的正确性。

（3）汇总统计。注意按照课题设计的要求，进行不同序列和专题的汇总统计，以利于分析和揭示规律。

（4）综合加工。注意综合分析，进行必要（纵向、横向）的比较。要通过理论思维，以敏锐的目光发现科研资料中的闪光点，从理论与实践的结合上进行整合加工，谋求新发现，形成新认识，以利于研究结果的概括。

3. 分析资料

对教育科研结果进行分析处理，既要从质的角度进行定性分析，也要从量的角度进行定量分析。

（1）定性分析。定性分析就是对研究对象进行"质"的方面的分析。

（2）定量分析。定量分析就是对研究对象进行"量"的方面的分析。主要有统计分析方法和测量方法。

（3）综合分析。一般有定性分析与定量分析相结合，理论分析与事实分析相结合，纵向比较与横向比较相结合，结果分析与过程分析相结合等。

分析资料常用的处理方法：文献资料，主要用逻辑方法进行分析研究；数据资料，主要用统计方法进行分析研究。

4. 概括结果

概括结果是科研结题的重要基础和重要组成部分，是撰写科研论文的准备。

（1）概括规律的方法。一是从事物发展的各个阶段的特点中去找出它的发展道路，找出贯穿在事物发展中的内部联系；二是从各个不同的事物、经验中找出共同的因果关系，研究这些事物和经验是怎样变化发展的；三是从许多不同的现象、事例、典型中找出共同的特点、共同的发展道路，由研究特殊事例、现象、典型的差异点，找出其存在差异的真正原因。

（2）概括规律的途径。一是从事物的变化过程中，从事物变化的联系和影响中，研究事物运动、发展的规律性，研究事物的内部联系和相互关系；二是从每一个事物的全过程中，仔细考察周围环境的变化对事物的影响及作用，以及事物的发展、变化对研究对象产生的影响，从而可以看出事物和外部的关系怎样，联系的程度如何；三是根据事物在各个时期的具体情况，研究它在各个时期的不同规律；四是对事物的某一环节、某一关键过程，研究其中变化的原因和经验，找出该环节、该过程的内在规律；五是对事物的某一侧面、某一问题作深入考察，可以找出与其有关的规律。

（3）概括规律应注意的事项。一是注意立论、推论和表述的科学性；二是注意论点、论据和论述的逻辑性；三是注意数据和文字表述的有机统一；四是注意典型分析和一般分析的结合。

（四）课题研究中期检查与评估

课题中期检查是以课题开题报告为依据，通过实地调查研究，对课题的进展态势和价值进行评估，并探讨其增值的途径，以期实现甚至超越课题目标功效的教育科研活动。

中期检查与评估主要通过听取课题负责人的课题中期报告（阶段性成果、存在的主要问题，进一步开展课题研究的措施与期望）、查阅课题组提供的书面或其他形式的资料进行，因此，需要课题组负责人提供课题中期报告（课题中期报告的写作要告详见下文"如何撰写研究报告"相关内容）。

（五）教育科研的结题

1. 结题条件

课题具备了结题条件就可以申请结题。一般来讲，结题条件包括：（1）按计划完成研究，实现了预期的研究目标；（2）课题研究报告、工作报告已经完成；（3）反映课题研究过程和研究成果的资料已经整理齐全。

符合结题条件的课题，课题负责人应向各级教科研管理部门，提出书面结题申请（加盖公章）。各级教科研管理部门组织专家组成员召开结题鉴定会，并组织结题评审。评审通过，课题可圆满结题。

2. 结题所需的材料

教育科研结题是整个课题研究的工作总结、是对研究成果的鉴定。一个教育科研课题的结题工作，一般需要准备如下材料：

（1）结题申请报告；

（2）课题立项申报报告；

（3）课题立项批复通知；

（4）课题研究的阶段性总结；

（5）课题研究终结性结题报告；

（6）附件：课题成果和课题的有关研究材料等。

3. 结题专家组构成

对一个课题的结题，主要是对这一个课题的成果进行鉴定，所以，结题也需要成立一个专家组，以完成对课题成果的鉴定工作。专家组的构成一般由学科专家以及具有一定科研能力和水平的人员构成，人员一般以 3～7 人为宜。

4. 结题材料的提高和审阅

（1）结题材料的提交。在提交结题申请报告后，经教科所科研会对该报告进行审核，同意后即可提交结题材料。在提交结题材料时，一般要准备专家组人手一份，以利于专家组对材料的审阅。

（2）专家组审阅结题材料。在收到提交的结题材料后，即由专家组对结题材料进行审阅。一般而言，专家组主要是审核材料中对课题的研究情况，主要包括以下几个方面的内容：课题的选题意义如何；课题的研究设计是否科学、合理；课题的研究过程，包括管理过程是否科学；课题的研究方法是否正确，特别是有关变量的投放、控制、资料和数据的收集是否科学、充分等；

课题的研究成果如何，特别是有无充分的数据、资料加以说明和论证所取得的成果，包括定性分析和定量分析，课题研究成果的价值如何等；课题研究的特点有哪些；课题研究还存在哪些问题，对课题的进一步研究有什么建议等。

专家组在完成上面几个方面的工作后即可要求召开结题论证会议。专家组一般应在开结题论证会前一个星期对材料进行审阅。

5. 召开结题论证会

在专家组审阅完结题材料后，就可以召开结题论证会议了。结题论证会议一般由专家组组织召开，由课题组负责提供会场及会议接待工作。

结题论证会议议程一般如下：

（1）专家组听取课题小组对课题研究的简要说明或简要介绍，也可以对结题材料进行补充说明。

（2）如有必要，专家组也可以进行听课或到有关科室查阅核实有关数据，也可以召开小型教师、学生座谈会、听课等。

（3）在专家组完成听课或召开小型座谈会，听取课题组简要介绍后，就可以要求课题组就课题研究的有关问题进行答辩了。

（4）在答辩会结束后，专家组召开会议，进一步讨论对课题成果的评价。

（5）专家组向课题组公布及提交对课题研究成果的评价结果。专家组的评价结果可以作为课题研究的成果认证依据，也可以作为有关科研评奖依据。

6. 结题工作应注意的几点

（1）课题组在提交结题申请前，应先对结题材料进行充分准备，特别是结题报告的撰写。

（2）对课题的研究结果要客观、如实地进行反映，正确认识课题研究过程中存在的问题。失败也是一种成功，它是再对同类课题进一步研究的宝贵经验。

（3）专家组亦应客观、公正地对课题成果给出恰当的评价，不能以点概全，要实事求是，一分为二。

八、如何做好文献综述

文献综述是文献综合评述的简称，指在全面搜集、阅读大量的有关研究文献的基础上，经过归纳整理、分析鉴别，对所研究的问题（学科、专题）在一定时期内已经取得的研究成果、存在问题以及新的发展趋势等进行系统、全面的叙述和评论。"综"即收集"百家"之言，综合分析整理；"述"即结合作者的观点和实践经验对文献的观点、结论进行叙述和评论。其目的并不是将可能找到的文章列出，而是要在辨别相关资料的基础上，由研究者来综合与评论这些资料。一个成功的文献综述，能够以其系统的分析评价和有根据的趋势预测，为新课题的确立提供强有力的支持和论证。

（一）文献综述的目的

做文献综述工作的目的有两个：

1. 了解研究现状，得到研究启发

通过文献综述，整合并综述某个领域内已知的研究成果，对各种理论的立场说明，作为新假设提出与研究理念的基础；识别概念间的前提假设，理解并学习他人如何界定与衡量关键概念，可以提出不同的概念架构；了解他人对某课题的研究方法和手段，为自己的研究提供研究方法和研究工具的线索；通过向他人学习并刺激新观念的产生，指出空白与盲点，为后续的研究者提供思考的方向与内容，即未来的研究是否可以找出更有意义或更显著的结果。

2. 通过比较，凸显创新点

虽然文献综述内容上是叙述前人所做的工作，但是文献综述

的目的却是在衬托自己论文的"高明之处"。研究者的文章是否高明，可以从研究者文章内容上是否有创新点来判断。但是创新点总是比较而言的，也就是说缺乏文献综述作为"参考依据"就无法判断其是否创新。可以说任何创新都是建立在前人已有成就的基础上，是对已有成就的辩证地扬弃。

（二）文献综述的作用

任何一个研究课题，都不可以"前无古人"，即使是最著名的研究成果也都是在前人研究基础上取得的。写文献综述不仅是为了陈述以往的相关研究，也不仅是为了表示对前辈、同行或知识产权的尊重，更是为了"认祖归宗"，对自己的研究进行定位。

文献综述的作用主要包括以下方面：

1. 帮助研究者了解和熟悉相关课题中已有的研究成果

通过系统的文献回顾，我们比较全面地了解领域中的相关现状和研究成果，从而帮助我们选择与构思自己的研究问题。它将我们自己的研究放到已有的研究背景中去，便于我们确立自己的研究在领域中的位置，从而认识到自己所作的研究是否具有学术意义。

2. 为研究者的研究思路与研究方法提供参考

通过文献综述，我们可以了解前人研究时所使用不同的研究方法、研究角度以及研究策略，从而为我们提供一些可以借鉴的研究方案。此外，文献回顾还可以帮助我们去发现和利用现有研究中的某些关键变量的操作方法与测量指标。

3. 为解释研究结果提供背景资料

文献综述的另一个重要作用是它客观地给我们提供了一种与该领域有关的背景资料。这种背景资料既是研究者在选择研究问题时的参考依据，同时也是研究者在对自己的研究结果和研究发现时所需要的论证工具。

4. 彰显研究者的研究水平

文献综述还可以彰显研究者对某一知识体系的熟悉程度，使他人能够对研究者的专业能力与知识背景作出判断，以取得他人的信任，进而提高文章的说服能力。

（三）文献综述的特点

1. 内容的综合性

文献综述的"综"字反映了综合性，是对大量文献的综合描述。"纵横交错"是文献综述的最基本的特点。在综述过程中既有纵向描述，又有横向覆盖。只有综合地分析、归纳整理、消化吸收这些纵横交错的文献，才能使这些材料更精练明确、更具有逻辑层次，才能更准确地把握本专题发展规律和预测发展趋势。

2. 信息的浓缩性

文献综述不同于文摘，不是将原文献的中心内容摘录出来；也不同于节录，不必完全按照原文节选下来。它是将文献中有用的理论、观点和方法用最精练的语言加以概括的描述，提炼出基本观点和数据，舍弃原始文献中的论证、计算、推导过程等细节。所以，一篇文献综述可以反映几十至上百篇的原始文献，信息密度大。

关于一篇综述需要有多少参考文献，国内外的学者们都做过不少研究，有一些不同的意见。评价综述文献的压缩程度可用综述文献正文每页所引用的参考书目平均数或者是被综述的原始文献页数与综述文献页数之比来考察。各学科综述的浓缩度是不同的，要以是否集中足够的原始文献，以全面反映综述主题为依据来确定。

3. 评述的客观性

反映在文献综述的"述"字上，即结合作者的观点和实践经验，对所整理出来的文献观点、结论进行叙述和评论。"综"是

"述"的前提，"述"是"综"的补充。因此，研究者要在"综"的基础上再进行"述"。评述性也是文献综述的最重要特点之一，只有在"综"的基础上，进行客观的"述"才能提升综述价值，才能体现研究者的学术水平。如果只是对文章进行简单地罗列，那么这样的文章只是一篇讲义。

但是，在"述"的过程中，一方面叙述和列举各种理论、观点、方法、技术及数据要客观如实地反映原文献的内容，不得随意歪曲或者断章取义，不顾上下文，同时还要避免因理解不同而出现的误解；另一方面，在分析、比较、评论各种理论、观点、方法时要有一种客观的态度，应基于客观进行分析、评价，不能出于个人的喜好、倾向进行评论，更不能出于个人的感情有意偏袒或攻击。另外，在做出预测时，要以事实、数据为依据，以科学的推导方法为手段，力求客观，而不是凭空想象，出于主观愿望盲目提出。

（四）文献综述的类型

1. 专题综述

此类型较常见，多是邀请本学术领域内权威人士（专家）来撰写，对所发表的相关类别的原始文献做出权威性的、关键性的综合和评论，如现代期刊上标明的"专论"或"专题"文章，也有的称其"特邀文章"，大多属于此类。

2. 文献综述

现在期刊上发表的"年度综述"、"最新进展"、"年鉴"等则属于此类。其主要目的是对一定时期内围绕某一专题的论文加以汇集和解释，但不一定加以评论。

3. 回顾性综述

主要是历史地分析某一课题的发展概况，其撰写方法是按年代顺序进行的。此类综述不多见。科学史的撰写亦属此类。

4. 现状综述

现在期刊上发表的综述文章大多属于此类。其主要任务是对某一发展领域的新知识、新情况迅速收集、整理并予以评述，仅列入近期论及该课题的文献编目或评价。现状综述撰写有两种情况：一是综述选题之前从未有人综述过，或是一个存有误解或争论的题目。写这种题目的综述，要充分地占有材料，历史依据多一些，以便有利于阐述你的命题，使人看后心悦诚服。二是选题曾有人做过系统综述，但随着时间的推移，本选题内容又有了新的发展，需要在原来综述的基础上进一步综述。

以上四类综述在撰写过程中往往是综合应用的，只是侧重点有所不同罢了。

（五）文献综述的写作过程

1. 写好文献综述的第一步：收集和阅读文献

收集文献的方法主要有两种：一是通过各种检索工具，如文献索引、文摘杂志检索，也可利用光盘或网络进行检索；二是从综述性文章、专著、教科书等的参考文献中，摘录出有关的文献目录（关于如何进行文献收集详见第三章"文献研究法"）。

查找到的文献首先要浏览一下，然后再分类阅读。阅读文献是必须完成的一项基础工作，是思想的源泉，需要付出无数辛勤的汗水与努力。有时也可边搜集、边阅读，根据阅读中发现的线索再跟踪搜集、阅读。资料应通读、细读、精读，这是撰写综述的重要步骤，也是咀嚼和消化、吸收的过程。

阅读中要分析文章的主要依据，领会文章的主要论点，用卡片分类摘记每篇文章的主要内容，包括技术方法、重要数据、主要结果和讨论要点等，以便为写作做好准备。

2. 写好文献综述的第二步：根据研究的范围梳理文献

对阅读过的资料必须进行加工处理，这是写综述的必要准备过程。按照综述的主题要求，把写下的文摘卡片或笔记进行整理，分类编排，使之系列化、条理化，力争做到论点鲜明而又有确切依据，阐述层次清晰而合乎逻辑。按分类整理好的资料轮廓，再进行科学的分析。

3. 写好文献综述的第三步：综述别人的研究成果

在梳理文献的基础上，要对掌握的文献资料进行评述。这一步主要回答以下问题：同所研究问题有关的文献有哪些（包括国内和国外），基本观点是什么；所研究问题的历史沿革，过去的研究产生了哪些方法和结果；哪些研究（文献）是有代表性的，主要的作者有谁；有哪些相关的理论和模型；在确定你自己的研究方法之前，判定和讨论其他人使用过的同论文关系最密切的方法；所研究问题的最新发展状态如何等。

4. 写好文献综述的第四步：兼述自己的研究见解

在评述他人此类研究成果的基础上，这一步主要表达自己的研究对已有研究成果的看法，说明前人研究成果存在的优点与局限性，有哪些值得进一步研究的问题，自己的研究将会在哪些方面有所突破与创新，从而找到自己的研究方向与目标。

5. 写好文献综述的第五步：按照规范文体形成综述

综述的形式虽然没有定式，但一般应包括以下几部分的内容：

（1）标题。不论哪种文章，都必须有标题，表明一定的信息。综述性文章的标题一般来说应紧扣主题，高度概括，突出重点，揭示主题内容，使人一看标题就可了解综述的大致内容。如果用一个标题还不能完全表达作者的意图，可以用副标题进一步揭示主题内容。另外，综述的标题还可以说明其综述体裁和综述的时间范围，但并不严格要求。最好不要用比喻性的标题。

（2）摘要。文章内容不加注释和评论的简短陈述，具有独立性和完整性；一般包括研究的目的与重要性、内容、解决的问题、获得的主要成果及其意义；一般研究性文章写小摘要，200－300字左右即可；论文要写大摘要，600字左右；有的还需要有英文摘要。

（3）关键词。4－6个反映文章特征内容，通用性比较强的词组。第一个为本文主要工作或内容，或二级学科；第二个为本文主要成果名称或若干成果类别名称；第三个为本文采用的科学研究方法名称，综述或评论性文章应为"综述"或"评论"；第四个为本文采用的研究对象的事或物质名称。避免使用分析、特性等普通词组。

（4）导言。综述文章的导言，可根据自己的实际情况安排内容。可在导言中说明编写综述的目的，综述问题的来龙去脉，综述的主题内容，其现实意义和社会意义，综述问题的时空范围及其概况，时代背景等。也可介绍综述主题目前的基本状况，简单回顾其发展历程。如果是研究课题的综述，可以介绍课题的基本情况、下达单位、承担单位、研究的时间、研究方法等，与课题有关的事项都应在此部分中说明。标题是文章内容的高度概括，导言则应是对整篇综述的一个简短介绍。

（5）正文。正文是综述文章的核心内容。正文将依次综述各个问题，列举出各种观点、理论、方法、数据，并对每一项内容提出自己的看法和评价；列举历年来的成果、数据；进行数据分析，构建模型，进行推演和论证。综述正文的撰写应灵活多样，为了区分问题，便于读者阅读和利用，在正文中按问题添加各级小标题，分别论述，可使正文的内容一目了然。

（6）结束语。对前面论述的内容进行总结，或是提出自己的取舍褒贬，指出存在的问题及解决问题的方法和所需的条件；或是提出预测及今后的发展方向。还可提出展望和希望。结束语的作用是突出重点，结束整篇文献。

（7）参考文献。必须在文后一一列出综述中引用或参考的文献的有关信息，如篇名、作者、出处、出版时间、出版单位等。参考文献是综述文章的一项重要组成部分，读者可通过阅读文后的参考文献了解本课题的相关文献，进行回溯查找。

参考文献的说明应根据综述文章发表的载体加以统一。如发表于连续出版物上的综述文章，其后的参考文献说明应遵照国家连续出版物的出版标准对参考文献的要求进行著录。参考文献的著录有两种形式，一种是将引用的文献直接在引用的那一页下做脚注，将参考的文献列于文末；一种是引用文献和参考文献全部列于文末。参考文献著录的次序也有两种形式，一种是按参考的程度大小排列，参考得多的列在前面，参考得少的列在后面；另一种是按在文中引用和参考的先后次序排列，先引用、参考的序号在前，反之在后。

以上几个部分是文献综述应包括的基本内容。在此内容的基础上，撰写者也可根据自己的喜好和文章的需要增添别的内容。如附录，在正文中图表太多、太大，插入文中不便排版，同时将正文内容割裂得太零散时，可将图表集中统一编号，放在文后作为附录，在正文中加以说明。附录有一个作用就是可以满足不同层次读者的阅读需要，对于想要详细了解情况的专业人员来说，可以参阅文后的附录，对照正文，获取事实、数据；对于只需要一般了解的读者来说，只需阅读正文中的内容和结论，就可了解大概，不需再看附录了。附录不是综述的必需内容，撰写者可根据具体情况决定取舍。一些大型综述文章是一个情报研究课题小组的成果，如专题研究报告，还可以在附录中说明课题小组成员。

（六）文献综述应注意的问题

1. 大量罗列堆砌文章

误认为文献综述的目的是显示对其他相关研究的了解程度，

结果导致很多文献综述不是以所研究的问题为中心来展开，而变成了读书心得清单或教科书的罗列。论文综述部分反映不出论文的特色，同一领域的文献综述几乎可以在多篇论文中相互套用。

2. 轻易放弃研究批判的权利

大量引用他人的著作，每段话均以谁说为起始，结果使自己的论文成为他人研究有效与否的验证报告，无法说服读者相信自己的论文有重要贡献。

3. 回避和放弃研究冲突

对有较多学术争议的研究主题，或发现与现有的研究结论互相矛盾时，有些研究论文就回避矛盾，进行一个自认为是创新的研究。其实将这些冲突全部放弃，就意味着放弃一大堆有价值的资料；并且这个所谓的创新，因为不跟任何现有的研究相关与比较，没有引用价值，会被后人所放弃。遇到不协调或者互相矛盾的研究发现，尽管要花费更多的时间来处理，但是不要避重就轻，甚至主动放弃。其实这些不协调或者冲突是很有价值的，应多加利用。将现有文献的冲突与矛盾加以整合是必要的，新研究比旧研究具有更好、更强的解释力，原因之一是新的研究会将过去的所得做一番整合与改善。

4. 选择性地探讨文献

有些研究不是系统化地回顾现有的研究文献，找出适合研究的问题或可预测的假设，而是宣称某种研究缺乏文献，从而自认他们的研究是探索性研究。如果有选择性地探讨现有文献，则文献综述就变成了研究人员主观愿望的反映，成了一种机会性的回顾。

5. 轻率设置"靶子"

评述时要如实地描述前人的贡献。批评前人的不足或错误时，要慎重，千万不要贬低别人抬高自己。评述（特别是批评前人不足时）要引用原作者的原文（防止对原作者论点的误解），不能从二手材料来判定原作者的"错误"。

6. 不注明文献来源

即引用的文献中的观点和内容不注明来源，模型、图形、数据不注明出处，使读者不知道哪些是研究人员的观点，哪些是前人的结论。

7. 写作过于随意

不以自己的研究假设为出发点取材，容易导致文献综述部分漫无边际，冗长无度。

出现上述情况的原因在于：①文献搜集不够充分，有些重要文献没有全部掌握，尤其是对最新研究进展的了解不够深入。②对最新研究成果的理解有一定程度的偏差，将次要问题或非主流问题作为主要问题或主流问题加以认识。还有的研究人员将自己一时的未明之理、未解之惑作为问题提出。③对学科前沿进展缺少应有的驾驭能力，难以做出客观、准确的评价。

九、如何综合设计和使用研究方法

教育研究方法要服从于教育研究的方向和目的。但在方向和目的确定以后，方法就起着决定性的作用。研究方法运用得当，就可以沿着正确的方向达到研究目的，起到辨别知识真伪，扩充知识的数量和范围，获得新的发现、启发人的思想的作用。反之，就会使研究工作劳而无功。所以，教育研究方法对于教育研究的价值不可低估。

（一）教育研究方法的分类

教育研究的具体方法很多，如历史法、调查法、比较法、文献法、实验法等。教育研究方法按照不同的标准可以划分为不同类别。

1. 以研究过程的阶段为标准的方法分类

（1）设计阶段的方法。在设计阶段采用的研究方法，主要包括确定课题的方法、查阅文献的方法、研究设计的方法。

（2）实施阶段的方法。在研究的实施阶段，主要包括形成事实的方法和形成理论的方法。

（3）总结评价阶段的方法。在总结评价阶段，主要包括撰写报告的方法和成果评定的方法。

2. 以问题性质为标准的分类

（1）理论方法。包括归纳、演绎、类比和分类、比较、分析、综合、概括等。

（2）实证方法。包括观察、问卷、访谈、测量等。

（3）实验研究方法。包括真实验、准实验等。

（4）历史研究方法。包括文献法、内容分析法等。

3. 其他分类

当人们从不同的角度着手研究时，从中不难找到一种使用方便的类型。

（1）教育价值研究和教育事实研究。依据所研究问题的不同对象分为教育价值研究和教育事实研究。两种研究引发出两类完全不同的问题，即教育研究中的事实问题与价值问题。

（2）基础研究和应用研究。依据研究的不同目的分出基础研究和应用研究。基础研究的主要目的在于发展和完善理论，它回答"为什么"的问题。应用研究用于应用或检验理论，评价它在解决教育实际问题中的作用，回答"是什么"及"怎么办"的问题。

（3）定性研究和定量研究。根据研究过程中对客观事物性质和数量的侧重，可以将研究分为定性研究和定量研究。定性研究是试图运用描述性分析来理解某种现象或问题的性质或意义的研究。定量研究主要是运用数据和量度来描述研究内容的特征或变化的研究，是将事物属性数量化，运用数学方法进行数量上的分析，并用数值来表示分析结果，以判定事物的性质和变化的研究。

（二）如何选用合适的教育研究方法

不同类型（内容、条件）的研究课题性质不同，研究目的也不同，因此，可以从不同角度、依据不同的标准选择研究方法。客观地讲，在课题研究过程中，不存在绝对的"最优方法"。某种研究方法相对于特定的课题目标而言，是好的方法，是最合适的方法，而相对于另外的课题目标而言，可能就是不好的方法、不合适的方法。这就存在一个研究方法的选择问题，哪一种或哪几种方法对课题研究最有效，就选择哪一种或哪几种。那么，如何选择最合适的研究方法呢？选择最合适的研究方法，应该考虑以下几个方面的因素：

1. 根据研究目的选择研究方法

研究目的不同，方法自然不同。如研究俄罗斯教师教育的历史及发展演变，就要用文献法、历史研究法；如要考察农村中小学教师的教学能力水平，就要用调查法；如要研究对学生进行表扬或批评的作用，最好用实验法，将学生分成几个小组，选用不同的方式进行对比研究。所以，哪一种或几种研究方法对实现研究目的最有效，就选择哪一种或哪几种研究方法。

2. 根据课题内容选择研究方法

课题内容是影响方法选择的一个很重要的因素。一般来说，社会科学方面的课题与自然科学方面的课题在研究方法上应有很大的差别。由于学科内容不同，掌握这些知识技能的心理过程就有所不同，其研究方法也应不同。如要进行"青少年违法犯罪"的研究，最合适的方法应选择调查研究法；要进行"机动车尾气污染植物的影响"的研究，实验法才是最合适的研究方法。由此可知，方法服务于课题内容，必须根据课题内容来选择最合适的研究方法。

3. 根据研究主体和客体的主观状况选择研究方法

研究者的状况包括研究者的价值观念、宗教信仰、研究特长、驾驭研究方法的能力、能够控制的研究条件等。研究客体的状况包括个性特征、知识基础、兴趣爱好等方面。如以学生作为研究客体，性格外向的同学就比较适合采用调查法，而性格内向的同学往往更适合于采用文献法，驾驭材料能力较强的同学可采用比较法。由此可知，选择最合适的研究方法必须适于不同的研究者和研究对象。

4. 根据研究进展情况选择研究方法

选择最合适的研究方法还应考虑到课题研究的进度。一般来说，在课题的准备阶段，需要占有大量的资料，调查法是这一阶段采用最多的方法。而到课题实施阶段，由于研究方向已经确定，研究的目的是为了得出自己的结论或论证自己的观点，因此这一阶段采用的研究方法除调查法外，还有可能是文献法或实验法。

5. 追求多种研究方法的组合和互补

在实际研究中，单独使用某一种科研方法的可能是非常小的。首先是因为每一种研究方法都有自己的优势，同时也存在不足。如教育调查法，其优点是简便易行，有较强的可信度等，但教育调查对取样的要求很高，如果用普通的方法选取样本，往往出现以偏概全的问题。再者，实际研究中也需要多种研究方法配合使用，才能达到研究目的，完成研究任务。如对农村初中学生流失现象的研究，虽然调查法是主要的研究方法，但是教育文献法、质的研究方式等都需要介入。所以，在研究中多种方法的组合和互补可以从多方面、多角度接近事实。

十、如何撰写教育研究报告

教育研究报告是反映教育研究成果的一种书面报告。教育研究成果是指教育科研工作者在科学研究过程中，通过运用科学的研究方法而发现或形成的具有一定的学术价值和社会价值的，能被同行专家认可的增值知识。

（一）开题报告的写作

科研课题开题报告就是课题研究方案的设计、规划和制定。换言之，就是当课题方向确定之后，课题负责人在调查研究的基础上撰写的报请上级批准的选题计划。开题报告主要说明这个课题有价值进行研究，自己有条件进行研究以及准备如何开展研究等问题，也可以说是对课题的论证和设计。一般来讲，在开题报告中，应该涉及到以下几方面内容：

1. 课题名称

一项好的研究课题，其标题应该新颖、鲜明、简练、醒目，必须反映研究的主题。题目能概括全篇内容，并引人注目。

2. 课题研究的背景、意义

首先，要阐明课题研究的背景，即根据什么、受什么启发而进行这项研究的。因为任何课题研究都不是凭空来的，都有一定的研究背景和思路。其次，要阐明为什么要研究这个课题、研究它有什么理论和现实价值，能解决什么问题。

3. 当前此课题的国内外研究现状述评

要认真、仔细查阅与本课题有关的文献资料，了解前人或他人对本课题或有关问题所做的研究及研究的指导思想、研究范围、方法、成果等。把已有的研究成果作为自己的研究起点，并从中发现以往的不足，确认自己的创意，从而确定自己研究的特色或突破点。这样既可以更加突出本课题研究的价值、意义，也可以开阔自己的眼界，受到启发，拓展思路。一般可以先从现实需要方面去论述，指出现实中存在这个问题，需要去研究，去解决，本课题的研究有什么实际作用，然后再写课题的理论和学术价值。这些都要写得具体，有针对性，不能漫无边际地空喊口号。这样有针对性地写才能使别人一看就觉得科学性、实用性比较强，的确有价值。

4. 课题研究的目标

课题研究的目标就是通过研究，要达到什么目的，要解决哪些具体问题。研究的目标是比较具体的，不能笼统地讲，必须清楚地写出来。只有目标明确而具体，才能知道工作的具体方向是什么，才知道研究的重点是什么，思路就不会被各种因素所干扰。

5. 课题研究的基本内容

有了课题的研究目标，就要根据目标来确定这个课题要研究的内容，也就是本研究到底要做什么事，如当前这个问题的理论研究现状是什么，自己拟定做哪些方面的研究，能够解决哪些方面的问题，对这些问题出现的原因做分析，在分析原因的基础上对解决问题提出哪些对策建议等。研究内容要比研究目标写得更具体、明确。

6. 课题研究的方法

研究方法这部分，主要反映一项课题的研究通过什么方法来验证我们的假设，为什么要用这个方法，怎样具体运用这些研究方法。一个大的课题往往需要多种方法，小的课题可能主要是一种方法，但也要利用其他方法。在应用各种方法时，一定要严格按照每一具体科研方法的要求，不能仅凭经验、常识去做。如我们要通过调查法获取一手研究材料，就要考虑如何制定调查表，如何实施调查，如何进行数理统计与分析，每一步都要严格按照要求去做，不能随随便便发一张表，搞一些百分数、平均数就行了。

7. 课题研究的步骤和计划

课题研究的步骤，就是课题研究在时间和顺序上的安排。研究的步骤要充分考虑研究内容的相互关系和难易程度。一般情况下，都是从基础性问题开始，分阶段进行，每一阶段从什么时间开始，至什么时间结束都要有计划性。每一阶段的工作任务和要求，不仅要心中有数，还要落实到书面计划中，从而保证课题研究按时保质保量完成，课题研究的管理者也可据此对课题研究进行检查、督促和管理。

8. 课题预期的成果与表现形式

课题研究成果预测即研究过程可能出现哪些情况、问题，研究会带来什么成果，有什么对策等。课题研究的成果形式包括研究报告、教育论文、专著、软件、课件等多种形式。课题不同，研究成果的内容、形式也不一样。但不管形式是什么，课题研究必须有成果，否则，就是这个课题没有完成。在开题报告中设计出成果形式，可以使研究者明确将来用什么表现研究成果，以便从开始就可以着手努力积累材料、构思框架、进行分工，以利于研究成果的顺利问世，同时也有利于课题管理者据此对课题进行检查验收。

9. 课题研究的组织机构和人员分工

在方案中，要确定课题组长、副组长、课题组成员以及分工。课题组组长就是本课题的负责人。一个课题组最佳的人员构成应包括三方面的人，一是有权之士，二是有识之士，三是有志之士。有权了课题就可以得到更多的支持，有识了课题质量、水平就会更高，有志了可以不怕辛苦，踏踏实实去做。课题组的分工必须明确合理，让每个人了解自己的工作和责任。当然在分工的基础上，也要注意全体人员的合作，大家共同研究，共同商讨，克服研究过程中的各种困难和问题。同时，还要注意课题组成员的整体素质与水平，尤其是课题负责人的水平。如果课题组成员和负责人既没有理论基础又没有实践经验，这个课题就无法很好地完成，也就难以得到批准立项。

10. 课题研究的经费及设备条件需要

任何研究都需要一定的研究经费和设备条件，教育研究也不例外。对课题研究有价值的资料，如有关测验题和问卷题等研究工作与材料、经费预算及设备条件的需要，必须写清。但要实事求是，不能多多益善，胡写乱要，要加强管理，监督使用。

总之，科研课题开题报告是研究人员科研知识和能力的"缩影"，只有重视并认真、科学地做好研究课题方案的设计，制定好开题报告，才能为获取优秀教育科研成果打开成功之门。一句话，没有科学周密的开题报告，没有对研究设计的精心准备，就没有科研活动的发生，更不会有什么真正意义上的学术突破。

（二）中期报告的写作

课题中期报告是科研课题的执行人在科研过程中向科研主管部门汇报课题研究工作进展情况及取得的阶段性成果的书面材料。所以，中期报告要完成的任务有两个：一是对前一阶段研究工作的总结；二是向科研主管部门汇报研究进展情况，以便他们检查研究进度并做好下一阶段的研究计划工作。中期报告一般包括以下内容：

1. 课题情况概述

包括课题名称，课题来源，课题起止时间，课题研究的现状分析，课题的研究价值与意义，课题研究的目标，主要研究内容，采用的研究方法，课题研究的条件等。

2. 本阶段研究工作进展情况

包括本阶段研究工作的内容，主要做了哪些工作，完成情况如何；在研究过程中遇到哪些问题，产生这些问题的原因有哪些，已采取或拟采取哪些解决的措施；应完成的哪些任务因为何种原因没有按计划完成，是否还具备相应的研究条件等。

"研究计划完成情况"和"未能按计划完成的工作"应是中期报告的重点，在写作中一定要实事求是、客观真实地汇报研究进展情况，既不能夸大成绩，也不能夸大问题的严重性。

3. 取得的阶段性研究成果

通过前期的研究工作，已经取得的研究成绩。如已经发表的相关文章，或引起的教育实践领域发生的变化等。

4. 下阶段研究工作计划

这部分写作既要参照课题工作计划写出下一阶段将要进行的研究，又要针对上阶段工作的经验和存在的问题，将未完成的任务移至下一阶段去完成。如果研究工作计划有变动，应写明变动原因并做出新的安排。

（三）结题报告的写作

结题报告是一种专门用于科研课题结题验收的实用性报告类文体。它是研究者在课题研究结束后对科研课题研究过程和研究成果进行客观、全面、实事求是的描述，是课题研究所有材料中最主要的材料，也是科研课题结题验收的主要依据。结题报告的类型也分为应用性研究课题和实验性研究课题这两种结题报告。

一篇规范、合格的结题报告，需要回答好三个问题：其一为什么要选择这项课题进行研究，即这项课题是在怎样的背景下提出来的，研究这项课题有什么理论意义和现实意义；其二这项课题是怎样进行研究的，要着重讲清研究的理论依据、目标、内容、方法、步骤、研究的主要过程；其三课题研究取得哪些研究成果，如发表了哪些文章（调查报告、研究论文、实验报告），出版了哪些专著、论文集，在教育实践领域引发了哪些实质性变化等。

一份规范的应用性研究课题结题报告，其基本结构大致包括以下几个部分：

1. 课题提出的背景

这个部分内容的陈述，要求用两三段简洁的文字讲清选择这项课题研究的原因、理由。个别的结题报告，如有必要，还可列出一个部分"课题内涵的阐释"，专门对课题的内涵作说明。

2. 课题研究的意义

包括理论意义和现实意义，这个部分也可以合并归入"课题提出的背景"部分。

这两个部分着重回答上面提出的第一个问题"为什么要选择这项课题进行研究"。

3. 课题研究的理论依据

课题研究的理论依据是进行课题研究的理论指导。课题研究需要在一定的理论指导下来进行。

这部分的陈述要求理论依据要具体，要围绕课题研究的需要，有针对性地列出课题研究所依据的若干个具体的理论观点，所依据的理论要具有科学性和先进性，所选择的政策要具有时代性。

在陈述理论依据时，应切忌将某一专家、学者的整篇著作或某一个文件、某位国家领导人的讲话全文当做理论依据。

4. 课题研究的目标

课题研究的目标体现的是本课题研究的方向，是本课题研究所要最终达到的目的。在实验性的课题中，它体现的是"实验假设"。实验假设其实也是实验将要达到的目标。

5. 课题研究的主要内容

课题研究的主要内容陈述的是课题研究的范畴、课题研究的着力点。对研究主要内容的表述应当紧扣研究目标，简明扼要，准确中肯。

在陈述课题研究的主要内容时，有的将子课题表述成研究的内容，这也是一种简洁明了的表述办法。必须注意的是，课题研究的主要内容与课题研究成果同样有着密切的内在联系，课题研究的主要内容必须在研究成果中予以体现。

6. 课题研究的方法、对象

课题研究的方法，指的是该项课题在研究时所采用的教育科研方法。一项课题的研究，往往要采用多种科研方法。如采用行动研究法或实验法，同时也可能采用问卷法、调查法、统计法、分析法、经验总结法、个案研究法等。这部分的陈述，一般列出将采用的科研方法稍加说明就可以了，花费的笔墨不必很多。研究对象也要具体说明。

7. 课题研究的步骤

一般将课题研究分成准备、实施研究、总结等三个阶段，然后，在每个阶段中简要陈述做了哪几项工作，一做什么，二做什么，三做什么，简明扼要，不必详细陈述。要通过回顾、归纳、提炼，具体陈述课题研究的主要过程，具体陈述采取哪些措施、策略，或基本的做法来开展研究。在每一个阶段中具体陈述所做的几项工作，所采取的研究策略或措施等。

从第 3 部分到第 7 部分，回答的是上面提出的第二个问题"这项课题是怎样进行研究的"。

结题报告中从第 1 到第 7 部分在填报课题立项申报表、在制定课题研究方案、在开题报告中，都有要求，内容基本相同。

8. 课题研究成果

这部分是整篇结题报告中最为重要的部分，是回答上面提出的第三个问题"课题研究取得哪些研究成果"。

一个结题报告写得好不好，是否能全面、准确地反映课题研究的基本情况，使课题研究成果具有推广价值和借鉴价值，就看这部分的具体内容写得如何。一般说来，这部分的文字内容所占的篇幅，要占整篇结题报告的一半左右。

"课题研究成果"这个部分内容的表述，要注意三个问题：

一是要既讲实践成果，又要讲理论成果。不少的结题报告，是这样陈述研究成果的：我们通过研究，开设了几节公开课、观摩课，发表了多少篇论文，获得哪一级奖，在 CN 刊物和哪些论文汇编上发表了几篇文章，有多少学生参加什么竞赛获得了哪些奖项。或者是，通过研究，学生的学习成绩和学习能力获得了哪些提高，教师的科研水平得到了哪些提高等。这些是不是研究成果？是成果，但仅是属于实践成果。一篇结题报告，单单这样陈述，是远远不够的。因为这样的陈述，别人无法从你们的研究成果中学习到什么，这样的研究成果没有什么推广价值。具有借鉴价值和推广价值的，往往体现在理论成果部分。理论成果是指我们通过研究得到的新观点、新认识，或者新的策略、新的教学模式等。这些新观点、新认识、新策略、新模式，又往往与我们在"研究目标"或"研究内容"中所确定了的要达到的成果密切联系。

二是研究成果的陈述不能过于简略。有些课题在研究过程中，撰写出多篇学术论文。这些学术论文，就是课题研究的部分主要成果。在结题报告"研究成果"部分，要将这些论文的主要观点提炼、归纳进去。有的结题报告是这样陈述所取得的成果的：研究成果详见什么什么论文。只有这样的陈述是不行的。如果一个课题分为几个子课题来研究，在结题报告的成果表述中，也要将这几个子课题研究的成果进行提炼、归纳。

在提炼、归纳时，应注意不要只是简单地罗列这个子课题的主要成果是什么，那个子课题的主要成果是什么，而应融会所有子课题的主要研究成果，归纳出几点。同时也应注意这些子课题的研究成果必须体现所确定的研究目标。

三是有关课题的研究经验或研究体会不要在"研究成果"这个部分来陈述。一般说来，一个研究课题在通过结题验收以后，课题组还需要进行总结。这个总结，就要总结课题研究的经验，谈及研究的体会。而在结题报告中，不要陈述以上这两个方面的内容。

9. 课题研究存在的主要问题及今后的设想

对于本课题研究过程中尚未解决的问题，或发现的新的研究点，在后续的研究中有哪些研究设想。要求所找的问题要准确、中肯；如何开展后续研究要实事求是。

10. 附录

将参考文献、调查问卷、访谈提纲等附在文末。

（四）教育调查报告的写作

调查报告从提出问题、分析问题到解决问题，一般由题目、前言、正文、总结及附录五部分组成。

1. 题目

用一句话点题，反映主要研究问题。可加副标题，副标题是对主标题的补充，用来说明在什么范围内、基于什么问题的调查。

2. 前言

调查报告前言必须开宗明义地交代清楚调查目的、意义、任务和方法。

3. 正文

正文部分即调查内容。通过叙述、调查图表、统计数字及有关文献资料，用纲目、项或篇、章、节的形式把主体内容有条理地、准确地揭示出来。

调查报告正文部分写法多种多样，一般有两种不同写法。一种是把教育调查的基本情况按种类分成并列的几个部分或方面来写。如对一个地区教育状况的调查，分为该地区经济发展水平、文化水平、学校教育发展现状等几个方面，学校教育又可分为学校规模、教育经费、课程设置、教学设备、师资队伍等不同项目。将有关的材料分别加以组合，使问题的论述相对集中，形成专题。另一种是将调查的基本情况按照事物发展的逻辑顺序演变过程加以排列，分成互相衔接的几个部分，层层深入地来写。也就是说，按所调查的教育现象产生、发展、变化的过程来写，如总结先进典型。有的是对调查问题一个个说明，以反映问题。在观点和材料处理上，可以先列出材料，然后进行分析和推论；也可以先摆明观点，然后用调查得来的事实材料分析说明。

4. 结论和建议

在对整个调查内容进行总体的定性、定量分析的基础上，概括出事物的内在联系和规律，并提出新的见解、新的理论和参考意见。无论是验证已有的理论，还是为寻求新理论，还是为实用目的而寻找解决问题的办法，向实际工作部门提供参考意见、改革方案，其结论都必须客观、真实。提出的观点、建议要谨慎、严肃，观点要从事实中引出，同时要考虑其他社会因素的影响，要全面衡量理论或建议的合理性和可行性，不要轻率地下结论和提建议。

5. 附录

必要时要把调查工具或部分原始材料附在报告后面。这不仅使正文内容集中，更主要的是为读者提供可供分析的原始资料，以便让人分析鉴定搜集调查材料的方法是否科学，材料是否可靠，并供其他的研究人员参考。附录包括各种调查表格、原始数据、研究记录等。附录的编制要防止杂乱和过于简单。

思考题：

1. 如何唤醒中小学教师的"问题意识"？

2. 你认为中小学教师的科研课题从何而来？

3. 教育科研选题的原则和一般步骤是什么？在选题过程中应注意哪些问题？

4. 如何做好教育统计分析？

5. 如何写教育反思？

6. 如何才能写好教育文章？

7. 申报教育科研课题的程序有哪些？

8. 请中小学教师根据自己的研究写一份科研课题申报书。

9. 如何制定课题研究方案？

10. 课题的文献综述应包括哪些内容？

11. 写文献综述应注意哪些问题？

12. 如何综合设计和使用研究方法？

13. 科研课题的开题报告、中期报告、结题报告各应包括哪些内容？